Den Sängern ein Vater

Désirée Hornek

DEN SÄNGERN EIN VATER

Das Leben und Wirken des Musikers Ferdinand Grossmann

EDITION WIEN

Die Drucklegung dieser Festschrift zum 100. Geburtstag von Ferdinand Grossmann wurde durch großzügige Sponsorentätigkeit folgender Firmen und Institutionen ermöglicht:

INTERNATIONALE UNFALL- UND SCHADEN-VERSICHERUNG AG
KULTURAMT DER STADT WIEN
ÖSTERREICHISCHE LÄNDERBANK AG
STADTGEMEINDE TULLN
DIE ERSTE ÖSTERREICHISCHE SPAR-CASSE

Ferner gilt der Dank sämtlichen Mitgliedern des Vereins „Freunde Ferdinand Grossmanns", die durch Mitgliedsbeiträge und freiwillige Spenden einen wesentlichen Beitrag zur Aufbringung der notwendigen finanziellen Mittel geleistet haben!

„Den Sängern ein Vater"
ISBN 3-85058-014-8

Fotos: Archiv des Vereins „Freunde Ferdinand Grossmanns"
 15-87/1.

Inhalt

Geleitworte

Ferdinand Grossmanns großes Vorbild war Anton Bruckner. Schon in meiner Sängerknabenzeit begeisterte Grossmann die Jugend mit seinen Erzählungen über diesen großen Künstler, so daß sich in mir ein bestimmtes Bild über den Menschen und Künstler Bruckner bildete.
Wenn ich heute an die Person Grossmann zurückdenke, drängt sich mir wieder unwillkürlich der Vergleich mit Bruckner auf,

ein guter und stets hilfsbereiter Mensch,
ein Gigant an Wissen, und ein Künstler,
der durch sein unermüdliches Schaffen
einen Markstein für die Zukunft gesetzt hat.

PROF. NORBERT BALATSCH

Ferdinand Grossmann wäre 1987 100 Jahre alt geworden. Wieso ist er allen, die ihn kannten, so unvergeßlich? Er war durch seine Persönlichkeit ein einmaliger Musiker, Lehrer und Mensch.
Er war immer jung.
Es gibt keinen alten Ferdinand Grossmann.
Er war immer Verschwender im Geben.
Sein Ruhm und Nachruhm waren für ihn ohne Interesse.

Wir — die wir ihm alle so dankbar sind — wollen, müssen und werden die Erinnerung an ihn wachhalten und versuchen, allen, die zur Familie „Musik" gehören und Ferdinand Grossmann nicht kannten, zu erklären, warum er uns einer der wertvollsten und bescheidensten Unsterblichen ist.

KAMMERSÄNGER WALTER BERRY
Präsident des Vereins
der Freunde Ferdinand Grossmanns

Der Ton macht die Musik, gutes Klima läßt Blumen gedeihen. Ein solches Klima der Freundlichkeit und des Wohlwollens vermochte Ferdinand Grossmann um sich zu verbreiten. Er war für mich Wohltäter in des Wortes tiefster Bedeutung und geistiger Vater. Mein Leben ist reich geworden durch ihn, und ich schätze mich glücklich, daß ich Ferdinand Grossmann gekannt habe.

DR. NIKOLAUS FHEODOROFF

Er war der musikalische Mentor meiner Kindheit, der künstlerische Berater in späteren Jahren. Als Sängerknabe lernte ich durch ihn das erste Schubertlied — Wohin — kennen, unter seiner Leitung sang ich erstmals den Cantus firmus-Choral in der Matthäus-Passion.

Auf drei seiner entscheidenden künstlerischen Positionen durfte ich ihm nachfolgen: als Chordirektor der Wiener Staatsoper, als Chordirektor der Gesellschaft der Musikfreunde in Wien und als Dirigent der Wiener Hofmusikkapelle.

Generationen von Sängern hat er ausgebildet, und die meisten der Wiener Chorleiter sind aus seiner Schule hervorgegangen. Jeder ist stolz, sich „Grossmann-Schüler" nennen zu dürfen. Ich bin einer von ihnen.

PROF. HELMUTH FROSCHAUER

Wer immer in den letzten 40 Jahren in einem Chor gesungen hat, dem wird Ferdinand Grossmann ein Begriff sein, sei es als Chorleiter, Stimmbildner oder Pädagoge. Über diese Qualitäten wird im folgenden zu sprechen sein.

Wir, seine Schüler und späteren Kollegen, haben an ihm aber noch seine menschlichen Qualitäten schätzen gelernt, seinen Einsatz für das heranwachsende Talent und seine neidlose Kollegialität. Seine beispielgebenden musikalischen Produktionen sind leider wenig dokumentiert und daher vielfach verklungen. Sein Geist aber wirkt in unseren eigenen musikalischen Aktivitäten hörbar weiter.

PROF. MAG. HEINRICH GATTERMEYER

Persönlich habe ich Ferdinand Grossmann nie kennengelernt. Und doch ist er mir als erfolgreicher Dirigent, begeisterter Chorleiter und Stimmbildner so vertraut, als ob ich durch Jahre die Freude und Auszeichnung gehabt hätte, mit diesem außergewöhnlichen Mann bekannt gewesen zu sein.

Die Gestalt dieses bedeutenden Musikers formt sich für mich aus unvergeßlichen musikalischen Erlebnissen wunderbarer Choreinstudierungen in Oper, Hofburgkapelle und vor allem im Musikverein. Ohne die vielen Erzählungen über seine unvergleichliche Musikalität mit absolutem Gehör, sein bestrickendes Wesen, das alle in seinen Bann schlug, seine fanatische Hingabe an die Erarbeitung eines Werkes wäre seine geradezu legendäre Erscheinung und Wirkung nicht voll zu begreifen. In langen Gesprächen mit Mitgliedern des Singvereins, die unter Grossmann singen durften — er wirkte mehr als 10 Jahre vor dem Zweiten Weltkrieg und erneut acht Jahre nach dem Zusammenbruch als Chordirektor —, erwuchs die Gestalt eines faszinierenden Menschen, der jede Probe zu einer mit Ungeduld erwarteten Glücksstunde werden ließ. Von seinem Einfühlungsvermögen und seinen pädagogischen Fähigkeiten, die er bei der Erziehung der Sängerknaben bewies, vom Heranführen der Buben in spielerischer Lernarbeit an die großen Aufgaben der allsonntäglichen Messen, wird wie von einem Wunder berichtet.

Aus diesen begeisterten Berichten und Erzählungen ergibt sich das Bild eines lebensbejahenden, bis ins hohe Alter energiegeladenen, in künstlerischen Fragen kompromißlosen Musikerziehers und Chorleiters von außergewöhnlicher Faszination.

PROF. DR. HORST HASCHEK
Präsident der Gesellschaft der Musikfreunde in Wien

Lieber Herr Pilss,

daß die Vereinigung „Freunde Ferdinand Grossmanns“ eine Biographie herausbringt, freut mich ganz besonders. Sie wissen am besten, wie sehr wir diesen hochverdienten Künstler geschätzt haben. Dieses Werk wird sicher dazu beitragen, daß die Erinnerung an sein Wirken lebendig erhalten bleibt.

HERBERT VON KARAJAN

Ferdinand Grossmann verdanke ich unvergeßliche Eindrücke als Wiener Sängerknabe, als Musikstudent und als Kapellmeister der Wiener Sängerknaben: Seine Chorarbeit, sein Gesangsunterricht, seine anregenden Gespräche über Musik ganz allgemein bleiben unverlierbarer Besitz. Er war es auch, der mich zu Josef Lechthaler und Alfred Uhl brachte, was mir neue Dimensionen musikalischer Ausbildung und Erfahrung eröffnet hat. Wenn man bedenkt, daß ich nur einer seiner unzähligen Schüler war, denen er sein reiches musikalisches Können, aber auch seine persönliche Förderung in beruflichen Belangen hat angedeihen lassen, kann man erst ermessen, wie vielfältig fruchtbar der Musiker, Pädagoge, Komponist und Mensch Ferdinand Grossmann auf die musikalische Entwicklung seiner Zeit und für die Zukunft gewirkt hat.

PROF. DR. F. XAVER MEYER

Jedem Freunde des Chorgesanges, und das nicht nur in unserem singfreudigen Land Kärnten, sondern europaweit — und selbst über diese Grenzen hinaus —, ist der Name Ferdinand Grossmann ein Begriff und steht synonym für eine unverkennbare künstlerische und menschliche Leistung auf dem Gebiete des Chorgesanges, der Chorerziehung und der Stimmbildung, also des guten und richtigen Musizierens. Für Österreich steht er in der Bedeutung ähnlich eines Zoltan Kodaly. Und da in Kärnten nun einmal die Liebe zum Singen in Chören im Vordergrund jedes Musizierens steht, so ist auch zu ihm, der sie uns in bester Art gezeigt und gelehrt hat, die Beziehung groß und gut und immerwährend. Deshalb ist auch jeder Chorleiter in Kärnten, der irgendwann einmal mit Prof. Grossmann zusammengekommen ist, sei es bei Singwochen, Chorschulungen oder im privaten Gespräch, bei dem es sich natürlich ums Singen handelte, von seiner fröhlichen, menschlichen Art zutiefst beeindruckt gewesen und nennt ihn heute noch in tiefer Verehrung „Papa" Grossmann —.

Im Kreise um Grossmann war man sich hierzulande — über musikalische Fragen hinaus — in einem Punkt völlig einig: Man sprach von einem guten Menschen, wie man ihn unter bedeutenden Persönlichkeiten — zu denen er zählte — nur selten findet.

„Hast Du Probleme, kann ich Dir irgendwie helfen?" So trat er uns entgegen. Dann konnte man sein Herz erleichtern und fand väterlichen Rat und Trost und Aufmunterung. Ich habe über keinen anderen Menschen, — und Musiker gehören bekanntlich ganz besonders zu denen, die stark im gegenseitigen Konkurrenzkampf stehen — so gut und begeistert sprechen hören wie über Prof. Grossmann.

GÜNTHER MITTERGRADNEGGER

Es ist ungemein wichtig, daß ein junger Künstler auf den ersten, doch meistens entscheidenden Stationen seines Weges von einem „Meister" geführt wird, der ihm das Wichtige und Praktische vermittelt, das man nicht in Schulen lernt. Ferdinand Grossmann war mir in der Zeit, in der ich meine ersten Sporen als Sängerknaben-Kapellmeister verdiente, ein solcher gütig-väterlicher Lehr-Meister, der meine Persönlichkeit und damit meinen künstlerischen Werdegang entscheidend beeinflußt hat. Und das in mehrfacher Hinsicht:
er hat uns junge Dirigenten die Notwendigkeit und gleichzeitig die Methode gelehrt, mit Sängern sinnvoll und behutsam zu arbeiten; er hat uns überhaupt erst einmal vorgemacht, wie man richtig und konzentriert zuhört und hört und in der Folge dann richtig (be-)urteilt. Aus dem richtigen Hören hat er konsequenterweise die Interpretation abgeleitet und entwickelt. Er hat immer wieder eindringlich auf die Verantwortung der Dirigenten für das sensible Instrument „menschliche Stimme" hingewiesen.

Seine „Methode" kam aus einer einfachen großen Natürlichkeit, und so waren auch seine musikalischen Interpretationen für mich immer im schönen Sinne schlicht, offen-ehrlich, natürlich und damit — groß.

Schließlich blieben mir Grossmanns humorvoll-liebe Art, seine stets jugendfrische Beweglichkeit, seine echte Bescheidenheit und selbstlose Hilfsbereitschaft in unvergessen schönster Erinnerung.

Ich bin ungemein dankbar und glücklich, daß ich an dieser Stelle die Gelegenheit bekam, meine große Dankbarkeit und tiefe Verbundenheit dem großen Ferdinand Grossmann gegenüber zum Ausdruck zu bringen.

UWE MUND

Es tut mir unendlich leid, daß ich den großen Ferdinand Grossmann niemals persönlich kennenlernen durfte. Von meiner frühesten Jugend an habe ich immer gehört: „Das hat der Grossmann einstudiert", „So haben wir es von Grossmann gelernt", „Der Grossmann hätte das niemals zugelassen", etc., etc.

So sprechen Sänger, Dirigenten, die Mitglieder der von ihm gegründeten und geliebten Chöre, und so spricht natürlich auch das Publikum. Die grandiosen Leistungen des Staatsopernchores in den dreißiger Jahren, die mein Verständnis für die Wichtigkeit des Chorgesanges in der Oper geprägt haben, sind unvergängliche Leistungen von Ferdinand Grossmann.

Lebte er noch, würde ich noch heute zu ihm wie ein Schüler pilgern.

PROF. DR. MARCEL PRAWY

Der hundertste Geburtstag Ferdinand Grossmanns ist für seine Freunde, Verehrer und Schüler ein willkommener Anlaß, seine vielseitige, hervorragende Persönlichkeit wieder in Erinnerung zu rufen und dieses hochgeschätzten Menschen, Künstlers und Lehrers in dankbarer Weise zu gedenken.

Ich hatte das Glück, diesen außerordentlichen Mann als Schüler, als aktives Mitglied und späterer Vorstand des Wiener Akademie-Kammerchores mehrere Jahre hindurch aus nächster Nähe erleben zu dürfen, woraus sich rückschauend folgendes Bild geformt hat:

Als kontemplativer Mensch mit sich und der Welt in harmonischem Einklang, war Grossmann stets von bescheidener, gütiger und hilfsbereiter Art. Er verfolgte unentwegt hochgesteckte idealistische Ziele und wußte diese mit unendlicher Geduld und Unbeirrbarkeit, mit strahlendem Optimismus und einem unwiderstehlichen Charme zu erreichen.

Als Künstler war Grossmann in vielfacher Hinsicht eine faszinierende Erscheinung. Ging es ihm als Dirigent und Musiker in erster Linie um die Darstellung der schöpferischen Absichten der Komponisten, die er mit eindrucksvollen Gleichnissen zu offenbaren verstand, so besaß er darüber hinaus die seltene und bewundernswerte Fähigkeit, den aufgeführten Werken durch eine hinreißende Interpretation eine unvergeßliche Gestalt und Größe zu geben. Schallplattenaufnahmen in stattlicher Zahl geben davon Zeugnis.

Als Lehrer für Sologesang und — mehr noch — als Chorerzieher, und ganz besonders als Gründer und Leiter des Wiener Akademie-Kammerchores, hat Grossmann wahrscheinlich seine größte Bedeutung erlangt. Mit unfehlbarem pädagogischem Instinkt, mit erstaunlicher psychologischer Einfühlung und mit einem imponierend reichen Wissen über Wesen und Wirkung der menschlichen Stimme und ihrer Ausdrucksmöglichkeiten hat Grossmann seinen Kammerchor zu einem sensiblen Vokalensemble geformt und mit ihm weltweite Erfolge gefeiert.

Vielen Sängern und Chorleitern hat er neben dem beruflich-technischen Rüstzeug tiefe Einsichten in die Geheimnisse der Musik vermittelt und sie zu begeisterten Anhängern gemacht. Sie singen, musizieren und dirigieren heute in Österreich ebenso wie in Japan, USA und Kanada in seinem Geiste und tragen dafür Sorge, daß sein Vermächtnis rund um die Welt beglückende Erfüllung findet.

Ferdinand Grossmann hat Humanität gelebt, künstlerischen Idealismus verwirklicht, die Musik als höhere Sinngebung des Lebens gelehrt und sich damit selbst ein bleibendes Denkmal gesetzt.

DR. RUDOLF RAAB

Ferdinand Grossmann war als Mensch und Künstler eine unvergeßliche Persönlichkeit. Seine Fähigkeit, besonders jungen studierenden Musikern den Geist der Musik zu vermitteln, hat Generationen von Künstlern hervorgebracht. Für mich war er ein väterlicher Mentor, ein bewunderter Lehrer und ein auch in schwierigen Zeiten stets aufrichtiger Freund. Ohne Zweifel hat er für mein ganzes musikalisches Leben eine Basis geschaffen und gleichzeitig ein profundes Wissen vermittelt. Wer einmal zum Beispiel Bachs Matthäus-Passion bei ihm analysierend studierte, der wird sein ganzes Leben lang einen tieferen Zugang zu diesem Werk finden und jene Erschütterung empfinden, die aus der Erkenntnis im Sinne Grossmanns resultiert.

Möge das vorliegende Buch das Leben und Wirken dieses großen Österreichers auch den folgenden Generationen vermitteln.

PROF. DR. WILFRIED SCHEIB
Vizepräsident des Vereins der Freunde Ferdinand Grossmanns

Es ist kaum glaublich, daß Ferdinand Grossmann, der mir als ganz junger, außerordentlich aktiver Mensch in Erinnerung ist, 100 Jahre wäre, wenn er uns nicht leider so frühzeitig entrissen worden wäre.

Ferdinand Grossmann ist mit dem Musikleben Wiens und damit Österreichs untrennbar verbunden. Eine Unzahl großartiger Konzerte wären ohne ihn nicht möglich gewesen. Das Konzerthaus, der Musikverein, die Wiener Staatsoper und die Wiener Hofmusikkapelle sind im 20. Jahrhundert durch seine Arbeit bestimmt worden. Diese Leistung ist in die Geschichte eingegangen und braucht nicht besonders betont werden.

Die Wiederkehr des 100. Geburtstages von Ferdinand Grossmann sollte uns die Erinnerung an diesen großen Mann wieder schärfen.

PROF. DR. EGON H. SEEFEHLNER

Ich sehe den lieben, sympathischen kleinen Mann deutlich vor mir, stets eine aschfahle Locke vom Scheitel in die Stirne fallend, wenn er einem seine feste warme Hand gab, stets ein gütiges Lächeln in seinen Zügen, um immer eine positive Aussage zu machen. Er liebte die Musik und teilte diese Liebe seinem Chor unmißverständlich mit, und seine Sänger hatten keine Bedenken, ihm alles zu geben.

PROF. WOLFGANG SCHNEIDERHAN

Als ich nach Wien kam, war eine meiner ersten Begegnungen mit unserem Ferdinand Grossmann. Ich hatte einige Konzerte mit ihm, die mir bis zum heutigen Tag in ganz besonders glücklicher Erinnerung blieben. Er gehörte zu den großen dirigierenden Meistern, die für die Stimme lebten und sie hegten.

KAMMERSÄNGERIN IRMGARD SEEFRIED

Seit der Übernahme der Leitung der Wiener Akademie (jetzt Hochschule) für Musik und Darstellende Kunst durch mich im Herbst 1946, verband mich mit ihrem Professor für Solo- und Chorgesang sowie Dirigieren, Ferdinand Grossmann, lebenslange Freundschaft. Diese mag wohl eine ihrer Wurzeln in unserer gleichartigen und maßgeblichen musikalischen Frühlehre bei dem Lisztschüler, Brucknerbiographen und Dirigenten August Göllerich am Linzer Konservatorium gehabt haben und zeitigte zuletzt sogar gleichgerichtete Altersaktivitäten musikpädagogischer Art an der Musashino Musikhochschule in Tokio. Dazwischen lagen viele theoretische und praktische Kontakte, vor allem aber unvergeßliche Erlebnisse seiner mit meinem Stilwillen übereinstimmenden, wenngleich mit der damaligen überwiegend nüchternen Praxis nicht immer konformen Interpretationskunst. Ihre von ihm geschaffenen oder temporär betreuten Instrumente waren der Akademie-Kammerchor, der Akademiechor, die Wiener Sängerknaben, die Singakademie, der Staatsopernchor, der Männergesang-Verein u. a. Aber auch in den Zielen einer zeitgenössischen Musikerziehung verstanden wir einander bestens: War es bei mir die Musikhochschule, für die ich die Akademie durch Einbeziehung von Forschungsaufgaben qualifizierte, aber auch die Entwicklung eines Mittelschultypus mit gleichrangiger Allgemein- und Musikausbildung, so bei Grossmann das schon 1923 gegründete und geleitete Wiener Volkskonservatorium und 1967 die Idee einer „Künstlerischen-Volksschule“ bei den Sängerknaben, die als Beweise von einem früherzieherischen Universalitätsstreben zeugten, dem auch seine wertvollen Fachpublikationen dienten.

Grossmanns einmalige Höhenposition als Musikerzieher, Organisator, Dirigent und Interpret ist aber nicht nur Ergebnis intensiven Studiums und lebenslangen Wirkens, sondern vor allem auch Frucht einer außergewöhnlichen musikalischen Begabung und Hörqualität, die ihn zum Chorerzieher und -leiter prädestinierte.

Unstimmigkeiten zwischen Bläsern und Streichern, aber auch zwischen Stardirigenten in aller Welt über eine unvermeidlich gewordene Neufestsetzung des Kammertons (a^1) führten zu Beratungen einer Kommission in Wien, der auch Grossmann und ich angehörten. Nach einer solchen Sitzung prüften wir Mitglieder uns gegenseitig mit vorhandenen Geräten hinsichtlich unseres Hörvermögens. Grossmann war als einziger imstande, Frequenzunterschiede von nur 1 Hertz unfehlbar zu hören und gegebenenfalls zu korrigieren. Welch Geschenk der Natur für einen Stimmbildner und Dirigenten!

Er hat seine Begabungen seiner Tochter Agnes vererbt. Davon konnte ich mich bei einem meiner Sommerkurse in Nizza — ich hatte diese Kurse des Pariser Conservatoire im Fach Liedgesang gemeinsam mit meiner Frau zwanzig Jahre geleitet — überzeugen, wo sie als großartige Vom-Blatt-Sängerin brillierte. Heute dirigiert sie erfolgreich Chöre und Orchester in der Alten und Neuen Welt.

Wir verbeugen uns in tiefer Verehrung vor dem einmaligen Genie wahrer akademischer Vokalkunst und echter Musikerziehung Ferdinand Grossmann.

DR. HANS SITTNER

Es dürfte im Jahre 1928 gewesen sein, als ich erstmals mit Ferdinand Grossmann, der damals sein 40. Lebensjahr überschritten hatte, zusammentraf.

Obwohl schon den Wiener Philharmonikern zugehörig, war ich zu dieser Zeit Mitglied des Akademischen Orchestervereins, den Grossmann von 1926 bis 1938 leitete; und da mich von dieser Tätigkeit her bis zu seinem Lebensende freundschaftlichste Gefühle mit ihm verbanden, erinnere ich mich fast an alle Phasen seines weiteren Lebens und künstlerischen Aufstiegs.

Der erste Eindruck, den der kleine und dennoch energische Mann als Dirigent eines Liebhaberorchesters auf mich machte, war überraschend. Da stand er vor uns, gesegnet mit einem geradezu erstaunlichen absoluten Gehör, imstande, die kleinsten Intonationsfehler in einer Weise aufzufinden und zu korrigieren wie wenige seiner berühmten Kollegen. Mit dieser Fähigkeit paarten sich Musikalität und Gestaltungskraft, und so gelang es ihm in unermüdlicher Arbeit, ein wenig geschultes Orchester so anzuspornen, daß es nicht nur eine Matthäus-Passion, sondern sogar Brucknersche Symphonien, denen er als Göllerich-Schüler besonders nahestand, mit bemerkenswerter Sauberkeit und Präzision zu interpretieren vermochte.

Gerade beim Studium der Matthäus-Passion aber wurde mir erstmals bewußt, welch hervorragender, mit der menschlichen Stimme vertrauter Gesangspädagoge Grossmann war, der den Solisten wie auch dem

Chor, neben Genauigkeit der Intonation, sprachliche Verständlichkeit und rhythmische Präzision in höchster Vollendung abverlangte.

Bald danach wurde er, nachdem er einige Jahre hindurch den damals auf beachtlichem Niveau stehenden Wiener Männergesang-Verein geleitet hatte, zum Chordirektor der Staatsoper bestellt. Dort hatte er sich gegenüber einem ausgezeichneten Chor von Berufssängern als auch gegenüber Dirigenten vom Rang eines Clemens Krauss, der ihn engagiert hatte, wie Wilhelm Furtwängler und Arturo Toscanini, zu bewähren.

Da sich Grossmanns Geburtstag nun zum 100. Male jährt, drängt sich mir, als genauem Kenner philharmonischer Geschichte und der Geschichte der Hofoper, ein, wie ich glaube, nicht unpassender Vergleich auf. Als vor genau 150 Jahren Otto Nicolai, der Gründer der Philharmonischen Konzerte, erstmals in den Verband des Kärntnertortheaters eintrat, wurde er nicht nur als Kapellmeister, sondern auch als Gesanglehrer engagiert. Die gleiche Funktion übte Grossmann, obwohl nicht ausdrücklich vermerkt, in der Staatsoper aus, sehr zum Vorteil des Chores und so mancher Sänger. Damit aber hat er sich unvergängliche Verdienste um unsere Oper und darüber hinaus um das Musikleben Wiens erworben. Seines Lebens und Wirkens sollten wir daher stets in Dankbarkeit eingedenk sein.

PROF. OTTO STRASSER

Ich habe Professor Grossmann bereits 1931 kennengelernt, als ich unter seiner Stabführung als Sängerknabe an einer Messeaufführung in der Wiener Hofburgkapelle mitwirkte. Schon als Kinder empfanden wir, daß uns da — anstelle der sonst so gestrengen Dirigenten Schalk und Lutze — nicht nur ein großer Chorfachmann, sondern ein Künstler von seltener Güte und Herzlichkeit gegenüberstand.

Als ich 1955 zum Direktor der Wiener Sängerknaben bestellt wurde, hatte ich das große Glück, Professor Grossmann als künstlerischen Leiter des Institutes gewinnen zu können. Sein einmaliges Wirken in dieser Funktion hat dann auch in den weltweiten Erfolgen der Wiener Sängerknaben seinen schönsten Niederschlag gefunden.

Grossmanns Charisma war aber nicht nur in seiner hohen Künstlerschaft, sondern auch darin begründet, daß er den ihm anvertrauten Schülern mit seinem offenen Herzen begegnete. Und daher wurde er auch von allen, die das Glück hatten, mit ihm arbeiten zu dürfen, so verehrt.

Daß er mir persönlich stets ein so lieber väterlicher Freund war, dafür empfand ich immer eine sehr große Dankbarkeit. Daher wird Professor Grossmann für mich und das Institut der Wiener Sängerknaben immer unvergessen bleiben.

DR. WALTER. TAUTSCHNIG SEN.

Daß wir den Zugang zu den großen Meisterwerken der Literatur gefunden haben und daß wir die in ihnen verborgene Botschaft verstehen können;

daß wir von ihm gelernt haben, das zeitlos Gültige eines musikalischen Kunstwerkes in jeder stilistischen Erscheinungsform zu erkennen und anderen interpretierend weiterzugeben;

daß wir neugierig wurden und neue musikalische Ausdrucksformen zu schätzen gelernt haben;

daß wir mit Ferdinand Grossmann musikalische „standards" erarbeitet haben, die in der Praxis nie revidiert werden mußten und die von keinem anderen bedeutenden Dirigenten übertroffen werden;

daß wir das Rüstzeug erhalten haben, die menschliche Stimme, das wohl schönste und edelste Instrument, zur größeren Ausdrucksfähigkeit und zur musikalischen Gestaltung zu erziehen.

Dafür ist uns Ferdinand Grossmann unvergeßlich!

Ist es da noch pathetisch, wenn ich sage, daß ich Ferdinand Grossmann die Grundlagen meiner musikalischen Existenz verdanke?

PROF. GÜNTHER THEURING

Rückblickend kann ich heute ehrlich behaupten, daß Ferdinand Grossmann, den ich während meiner vierjährigen Zugehörigkeit zu den Wiener Sängerknaben bereits im Kindesalter als großartigen Menschen und hervorragenden Pädagogen kennenlernte, meine erste Begegnung mit einer großen Persönlichkeit bedeutete. Seine erhabene Musikalität — von so vielen berühmten Musikern zitiert und gepriesen — hat mich veranlaßt und ermutigt, einen künstlerischen Beruf zu ergreifen. Mein musikalisches Verständnis und die Liebe zur Musik sind allein auf seinen maßgebenden Einfluß zurückzuführen, wofür ich ihm immer unendlich dankbar bin.

PROF. PETER WECK

Suchte man einst Richard Strauss im Münchner Telephonbuch, so war er (ohne snobistische Geheimnummer) unter dem Signum „Richard Strauss, Kapellmeister", leicht zu finden. Will man im Rückblick auf ein langes Leben eine Berufsbezeichnung für unseren Ferdinand Grossmann finden, dann muß man das Wort Lehrer (oder noch besser das japanische Synonym „Sense") einsetzen. Nicht nur deshalb, weil unser Ferdinand von Anfang an ausgebildeter und tätiger Volksschullehrer war; vor allem aber darum, weil er in allen Bereichen seines Wirkens lehrte: alt und jung unterrichtete er, Amateure und Professionals, hoffnungsvolle Talente, aber auch Fanatiker ihres Glaubens an die eigene Berufung.

Der heilige Augustinus hat einmal niedergeschrieben: „Bis orat, qui cantat!" Der Sänger betet doppelt. Ferdinand Grossmann hat sich daran gehalten. Nicht im engeren Sinne, aber seiner Berufung treu. Er hat seine Berufe gewechselt, wenn sie ihn, aus welchem Grunde auch immer, nicht mehr erquickten. Aber eines blieb er immer: Lehrer. Auf dem Dirigentenpodium, im Probesaal, im Unterrichtszimmer, am Klavier, auf dem Notenpapier, auch im geselligen Zusammensein, in der Auseinandersetzung unter vier Augen. Das Du, das Gegenüber, war ihm das Alpha und das Omega. Und deshalb bleibt er uns allen unvergessen. In einer Zeit, die das Ich allzu wichtig nimmt...

DR. ERIK WERBA

Vorwort

Die Reaktion war immer die gleiche: „Über den Grossmann? Ja, aber selbstverständlich, sehr gerne! Wann sollen wir uns treffen? O ja, da gibt es sehr viel zu erzählen!"

Ich fühlte, wie sie strahlten am anderen Ende der Telefonleitung, alle jene Schüler, Kollegen, Sänger, Chorleiter, Chorsänger, Orchestermusiker, Dirigenten, die irgendwann mit Ferdinand Grossmann zusammengearbeitet hatten und mir nun beim Skizzieren der Persönlichkeit dieses so vielseitigen Mannes behilflich sein wollten. Die Strahlkraft des Wesens von Ferdinand Grossmann wurde mir schon vermittelt, bevor ich noch Einzelheiten erfahren hatte, sein Strahlen lebt weiter in jenen, die ihn kennenlernen durften.

An dieser Stelle möchte ich allen, die mir den reichen Schatz ihrer Erinnerungen nebst Photos, Programmheften, Kritik etc. so bereitwillig zur Verfügung gestellt haben, sehr, sehr herzlich danken! Das Bild Ferdinand Grossmanns, das auf den nächsten Seiten skizziert werden wird, ist aus zahllosen Mosaiksteinchen zusammengesetzt, die mir, neben dem historischen Quellenstudium, vor allem die persönlichen Gespräche und Briefe geliefert haben. Grossmann war so sehr Leben, daß er nur in lebendiger Auseinandersetzung mit seinem Tun verdeutlicht werden kann.

Darum auch habe ich die so persönlichen Erlebnisse und Erinnerungen meiner Gesprächspartner weiter subjektiv verarbeitet. Es war auch mir nicht möglich, mich der Faszination Ferdinand Grossmanns zu entziehen, obzwar ich ihn selbst niemals getroffen habe. Objektive Kriterien in zwischenmenschlichen Beurteilungen gibt es, so glaube ich, nicht, vor allem nicht bei einer so schillernden Persönlichkeit wie der Ferdinand Grossmanns, deren Leuchten so sehr von innen, aus der frei strömenden Lebenskraft kam.

Freilich, ein Sprachforscher könnte Wörter zählen in den Niederschriften meiner Interviews, es gab Begriffe, die stets wiederkehrten: „Ausstrahlung" vor allem, die Aura, die ihn umgab, muß fast zu greifen gewesen sein. Sein

„Charme“ nahm sofort ein, „Liebe“ umgab ihn denn stets in, ja, auch überreichem Maße, er war „gütig“ und „immer hilfsbereit“, man konnte „mit allem zu ihm kommen“, es hat ihn „immer alles interessiert“, er „sprühte“, konnte „mitreißen“ durch seine „Begeisterungsfähigkeit“ und seinen „Humor“.

Es war einfach seine Lebensauffassung, „offen“, „frei“, „unverkrampft“, eben wahrhaft „lebendig“ zu sein. Und „jugendlich“ war er „bis ins hohe Alter“, stets voll „künstlerischem Feuer“, dabei wunderbar „bescheiden“ und vor allem immer „positiv“, „bejahend“, „dem Leben zugewandt“. Und „mit Kindern konnte er wunderbar umgehen“, aber auch mit Erwachsenen, nun eben mit den Mitmenschen. Wohl, weil sie ihn „interessiert“ haben, weil ihm schlicht das Lebendige im Menschen ein Anliegen war. Er war ein „großartiger Lehrer“, das vor allem, ein „Freund“, ein Vater“, ein „begnadeter Musiker“ voll „innerem Feuer“.

Daß es nicht immer leicht war, mit ihm verbunden zu sein, ergab sich aus der Vielseitigkeit seines Lebens. Vor allem jene, die ihm ganz nahe standen, mußten Kraft für die Erkenntnis aufbringen, daß der Reichtum seines Wirkens wohl auch Bereicherung für sie selbst bedeutete, ihn aber immer wieder in die Ferne trug.

Der 4. Juli 1987 wird Anlaß geben, sich an Ferdinand Grossmann zu erinnern, nicht, weil er 17 Jahre tot, sondern weil er 100 Jahre lebendig ist. Sein Bild lebt in vielen, und mein Mosaik, das ich aus diesen vielen Bildern zusammentragen durfte, ist nur ein Bruchstück einer lebendigen Erinnerung. Ganz, wie er war, war nur er selber, sein Bild bleibt immer Projektion und wird in jedem Betrachter neu geformt.

Das, was ich empfand, als mir Wirken und Wesen Ferdinand Grossmanns geschildert wurden, fand ich am reinsten ausgedeutet bei Laotse wieder. Darum ist diesen Festgedanken zum 100. Geburtstag von Ferdinand Grossmann ein Motto aus dem Tao-te-king vorangestellt.

Désirée Hornek

Also auch der Berufene:
Er umfaßt das Eine
und ist der Welt Vorbild.
Er will nicht selber scheinen,
darum wird er erleuchtet.
Er will nichts selber sein,
darum wird er herrlich.
Er rühmt sich selber nicht
darum vollbringt er Werke.
Er tut sich selber nicht hervor,
darum wird er erhoben.

Laotse: Tao-te-king

Leben und Wirken Ferdinand Grossmanns

Sehr verehrte gnädige Frau! *20. Dezember 1970*

Ende September hatte ich das Glück, im Elisabethspital in einem Zimmer mit Ihrem Herrn Gemahl zu liegen und mit ihm einen sehr anregenden persönlichen Kontakt zu finden. In den wenigen Tagen war es mir vergönnt, eine jener seltenen großen Persönlichkeiten kennenlernen zu dürfen, die abseits vom Rampenlicht der Weltöffentlichkeit durch ihre starke Ausstrahlung das Bild ihres Heimatlandes prägen. Diese Erkenntnis wird mir ein unverlierbares Erlebnis bleiben.

Leider ergaben meine späteren Nachfragen über den weiteren Krankheitsverlauf ein wenig erfreuliches Bild, und ich mußte mich der verständlichen Weisung beugen, daß Besuche nicht erwünscht wären. Aus der Presse habe ich dann von seinem Ableben erfahren.

Erlauben Sie mir, Ihnen und Ihrer Familie zu versichern, daß mir aus der Erschütterung, die ich als Außenstehender empfunden habe, das Verständnis für die Größe des Verlustes erwächst, den Sie erlitten haben.

Ihr ergebener Dr. . . .

Dieses Schreiben erhielt Frau Maria Grossmann zwei Wochen nach dem Tode ihres Gatten. Ein Kondolenzschreiben wohl von vielen und doch eine Besonderheit: Der Absender, ein Arzt aus Klosterneuburg, hatte den immer jugendlichen, energiegeladenen, auch in den Jahren jenseits der 80 stets neue Pläne schmiedenden Ferdinand Grossmann nicht gekannt. Schwerkrank, geschwächt war Grossmann im Spital gelegen, abgemagert und bleich. Aber die „starke Ausstrahlung" dieser „großen Persönlichkeit", die war ungebrochen gewesen, trotz allem, hatte selbst in den letzten Tagen ihre Wirkung auf den vorher Fremden nicht verfehlt.

Grossmann hat niemals aufgehört „auszustrahlen", bis heute nicht. Denn wenn man seinen Namen nennt, so strahlen jene, die ihn kennenlernen durften, heute noch. Diese Kraft ist ungebrochen.

Und Kraft hat er gebraucht, sein Leben lang. Tragische Verluste in frühester Kindheit, Kampf um die geliebte Musik, Kampf um das Studium, Kampf um die ersten Anstellungen. Dann, als er endlich seinen Weg als Chorerzieher und Gesangspädagoge gefunden hatte, kam fast zu viel Arbeit auf ihn zu, immer wieder wollte ein Laien-, später auch Berufschor ihn zum Leiter. Kinder, Studenten, Erwachsene hat er die Integration von Kunst und Leben gelehrt, vom Gmundner Gesangsverein „Edelweiß" ist er bis an die Tokioter Musashino Musikhochschule gekommen. Er hat Generationen von Sängern beigebracht, wie man atmet, stützt, staunt und strahlt, bis der ganze Körper Instrument und der ganze Mensch glücklich wird. Die Gesamtheit der menschlichen Möglichkeiten von frühester Kindheit zu entwickeln, war sein letztes großes Ziel, aber er hat dieses Ziel sein Leben lang in sich getragen, bei Laotse, dem großen Philosophen seiner letzten Wochen, nicht erst entdeckt, sondern wiedergefunden. Grossmann selbst konnte seine Philosophien nicht verbalisieren und schriftlich niederlegen, er hat sie gelebt. Er hat dem Motto dieses Buches sein Leben lang entsprochen.

Dabei, seine eigene Kindheit entsprach keineswegs den Idealvorstellungen der freien Entwicklung im gesamtkünstlerisch fördernden Umfeld.

Ferdinand Grossmann wurde am 4. Juli 1887, knapp nach Mitternacht, als dritter Sohn des Baumeisters Bruno Grossmann und seiner Frau Maria in Tulln geboren. In Tulln allerdings konnte man nicht lange bleiben, die Geschäfte des Vaters gingen schlecht, also zog die Familie fort, übersiedelte nach Linz/Urfahr. Maria Grossmann hatte sich an das Reisen schon gewöhnt, als Tochter des Sparkassendirektors Pudik war sie in Budweis aufgewachsen, dann mit ihrer früh verwitweten Mutter nach Wien gezogen und hatte hier als Näherin gearbeitet. Nebenbei allerdings widmete sie sich ihrer Leidenschaft, der Musik, spielte Klarinette und pflegte so das Talent, das ihr der Vater, im „Nebenberuf" Regens chori der Budweiser Pfarrkirche, vererbt hatte.

Der Mutter, Gattin und Hausfrau allerdings blieb kaum Zeit für schöngeistige Hobbys. Fünf Kinder hatte sie geboren, zwei Mädchen waren im Kindesalter bereits verstorben. Nun galt es, den gesamten Haushalt alleine zu bewältigen, besondere Pflege dem kränkelnden Jüngsten, Ferdinand, angedeihen zu lassen.

Im ersten Lebensjahr erkrankte Ferdinand an skrofuloser Hornhautentzündung des rechten Auges und schwerer Mittelohrentzündung, es bestand akute Gefahr der Erblindung und Ertaubung. Eine Operation rettete den Buben in letzter Minute, doch an den Folgen der Krankheit hatte er sein Leben lang zu leiden. Augenlicht und Gehör waren zum Glück gerettet worden. Welcher Schatz hier bewahrt worden war, das sollte sich erst später weisen.

Knapp zwei Jahre danach traf Ferdinand der schwerste Schlag, der ein Kind erschüttern kann. Die Mutter hatte sich eine Lungenentzündung zugezogen, als sie, überarbeitet und in Sorge um ihre Kinder, verschwitzt aus der Waschküche durch die Kälte ins Haus gelaufen war. Der folgenden galoppierenden Schwindsucht waren ihre Kräfte nicht gewachsen. Ferdinand fand sie tot im Bett. Er hatte gerade in dieser Nacht des 30. Januar 1891 nicht zu seinem Freund Diendorfer, zu dem man ihn wegen der Ansteckungsgefahr durch die Mutter jeden Abend schickte, gehen wollen. Er war daheim, als seine Mutter starb, und meinte später, sie hätte sich so wohl von ihrem Jüngsten verabschiedet. Daß er sie verloren, hat er nie verwunden, die Sehnsucht trieb ihn zeit seines Lebens zur Mutter.

Da der Vater sich außerstande sah, seine drei Söhne Heinrich (geb. 1880), Bruno (geb. 1882) und Ferdinand alleine aufzuziehen, ging er schon ein Jahr nach dem Tod seiner ersten Frau eine neue Ehe mit Frl. Sophie Rauch ein. Ferdinand hatte bereits mit großer Hoffnung auf diese „neue Mutter" gewartet, weil er bis zur Hochzeit bei Pflegeeltern in Wien untergebracht gewesen war, die ihn denkbar schlecht behandelt, geschlagen und aus nichtigen Gründen zur Strafe in eine Kohlenkiste gesperrt hatten.

Kurz nach der Hochzeit des Vaters erkrankte der leidgeprüfte Bub auch gleich wieder an einer schweren Lungenentzündung und mußte zur Pflege bei den Eltern seiner Stiefmutter in Laxenburg zurückbleiben. Als er halbwegs genesen, durfte er wieder in die Natur — und ging voll auf in seinem, wie er später erklärte, ersten „Gott- und Naturerlebnis": Man fand den Kleinen auf dem Felde sitzend, er plauderte fröhlich vor sich hin und erzählte seinem offenbar nicht uninteressierten Gegenüber allerhand Geschichten. Der Gesprächpartner war — eine Kreuzotter, friedlich, ohne Bedrohung, so wie das Kind Teil der Natur, der lebendigen Gesamtheit, in die Ferdinand Grossmann sich immer eingebettet fühlen würde. So lernte er später, Vogelstimmen — nein, nicht nachzumachen, er lernte, mit Vogelstimmen sich so auszudrücken, daß die Vögel tatsächlich herbeiflogen, seinen Kindern hat er dies immer wieder vorgeführt. Er war ein Teil dieser Natur, nicht Herrscher, nicht Untertan, Teil dieser Gesamtheit, in der es keine Abstufungen gibt. Was zählt, ist nur das Leben.

Dieses Leben allerdings hat es auch dem Kindergarten- und Volksschulkind Ferdinand Grossmann nicht leicht gemacht. Die „neue Mutter" mochte ihn gern, war lieb zu ihm und sorgte gut, doch als sie einen eigenen Sohn geboren hatte, rückte dieser an die erste Stelle. Ferdinand war in der Zwischenzeit zur Schule gekommen, Kinderkrankheiten kursierten, er steckte sich mit Masern an. Der Sechsjährige überstand die Krankheit ohne Schwierigkeiten, für den kaum einjährigen Stiefbruder jedoch war die Ansteckung tödlich.

Die Stiefmutter war gebrochen, in ihrem Schmerz nannte sie Ferdinand den „Mörder ihres Kindes", und ihre Liebe zu dem Stiefsohn erstarb. Ein zweites Mal war ihm die Mutter genommen, er litt fortan unter Lieblosigkeit im Elternhaus, unter der Schwäche seines Vaters, der sich gegen seine zweite Frau trotz der Vaterliebe zu seinem „Pferdinand" nicht durchsetzen konnte —, und so kam ihm Trost nur in der Musik.

Wobei der Weg zum Gesang an einem Lausbubenstreich seinen Ausgang nahm, zu dem der Schulbub Ferdinand bei allem häuslichen Elend dennoch imstande war. Ferdinand wurde Sängerknabe im Linzer Dom, weil er froh war, daß er nach einem frechen Spiel keine Strafe aufgebrummt bekommen hatte. Er hatte nämlich die lächerlich anmutenden Bewegungen eines wunderlichen alten Herrn auf der Straße hinter dessen Rücken keck nachgemacht, und vor allem alles, was der gute Mann da so vor sich hinsummte, glockenhell nachgesungen. Nur als der Herr im Priesterornat sich umdrehte und fragte „Wie heißt du denn, Kleiner?" da war der kleine Ferdinand flugs von der Bildfläche und mit den besten Lernvorsätzen in seinem Kinderzimmer verschwunden.

Der verulkte Herr — Kanonikus Burgstaller — fragte sich zu Grossmanns durch, jedoch nicht, um zu schimpfen, sondern um dem zitternden Buben zu erklären, er würde ihn gerne als Sängerknaben im Linzer Dom ausbilden. Vor lauter Freude nicht bestraft zu werden — siehe oben! — wurde Ferdinand Sängerknabe. Er war sieben Jahre alt, und Musik und Leben wurden fortan eins.

Schon am Tage nach diesem ersten wichtigen „Ja!" in seinem Leben ging Ferdinand zur ersten Sängerknaben-Probe. Als jüngst hinzugekommener Altist stand er am letzten Pult seiner Stimmgruppe. Nach zwei Monaten war er ans erste Pult vorgerückt, im 2. Jahr wurden ihm sämtliche Altsoli übertragen, seine Musikalität und sein ungewöhnlich feines Gehör hatten ihn in die erste Reihe geführt.

Und in dieser Zeit durfte er Bruckner hören. Kanonikus Burgstaller hatte 1895 das Vorspielen für die Sängerknaben vermittelt. Der etwas merkwürdige alte Herr Dr. Bruckner mit der viel zu weiten Hose erwartete die Buben beim Seiteneingang des alten Linzer Domes, ließ sich vom Domkapellmeister ein Thema aufschreiben, setzte sich an die Orgel und — so hat es Ferdinand Grossmann aufgeschrieben: „begann ganz leise zu spielen, wurde dann auf seiner Orgelbank immer unruhiger und tanzte eigentlich mit seinen kurzen Beinen recht komisch über die Pedale, doch lachte keines der Kinder. Als er fertig war, strich er ganz leise über den geschlossenen Orgeltisch, verrichtete wieder sein Gebet und gab dann vor der Kirche allen Kindern einige Zuckerln." Ferdinand Grossmann hat es später bedauert, damals als Bub die Papiere, in die seine Zuckerln eingewickelt gewesen waren, achtlos weggeworfen zu haben. So blieb nur seiner Seele die Erinnerung an Anton Bruckners Orgelspiel. Dieses allerdings hatte ihn tief geprägt.

Der Sängerknabe Ferdinand Grossmann wirkte an zahlreichen musikalischen Meßgestaltungen mit, an manchen Sonntagen in bis zu fünf verschiedenen Kirchen, in der Vorweihnachtszeit beginnend um 1/2 6 Uhr mit dem Rorate, unbeirrt durch Eis und Schnee oder irgendeine andere Wetterunbill. Die wenigen Kreuzer, die er durch sein Singen verdiente, mußte er auf Heller und Pfennig zu Hause abliefern, um das Geld wurde ihm seine Kleidung gekauft.

An ein Musikstudium, wie Ferdinand es sich erträumte, war nicht zu denken, auch nicht an einen Besuch des Gymnasiums, in dem der Bub so gerne Griechisch gelernt hätte, weil er die klangvolle Sprache so liebte. Die Eltern entschieden auf Realschule, denn Ferdinand sollte Baumeister wie sein Vater werden. Ferdinand war verzweifelt, hatte er doch mit 8 Jahren schon frei phantasierend eine ganze Messe und kurz darauf eine Klaviersonatine komponiert, er wollte nichts als Musik lernen, schreiben, leben!

Die Mutter aber, selbst eine hochmusikalische Frau, hielt nichts von den Ambitionen ihres Stiefsohnes. Sie hatte wieder ein Kind geboren, ein Mädchen Sophia, das alle Anzeichen eines Wunderkindes an sich trug: Das eineinhalbjährige Kind konnte zwar noch nicht richtig laufen, suchte aber mit den kleinen Fingerchen am Klavier bereits die Melodien seiner Kinderlieder zusammen, begleitete ein Jahr später den eigenen Gesang makellos am Klavier, und schien schlicht ein Genie. Ferdinand durfte nicht mehr in die Nähe des elterlichen Klaviers, um nur ja die Musikalität der Stiefschwester durch sein unbeholfenes Spiel nicht zu gefährden! Heimlich ging der Bub nun bei einem im selben Hause wohnenden Postfräulein in die Klavierschule, lernte von ihr die Grundregeln des Klavierspiels und übte fleißig. Das Schwesterchen Sophia erhielt in der Zwischenzeit Unterricht bei dem damals bekanntesten Linzer Pädagogen Prof. Göllerich und gab im Alter von fünf Jahren ihre ersten öffentlichen Konzerte.

Eine musikalische Laufbahn schien Ferdinand vollkommen verbaut. In seiner Verzweiflung klagte er einer Baronin Hohenau, die seinen Gesang sehr schätzte, sein Leid. Die adelige Dame beschloß, sich für den ihrer Meinung nach hochbegabten Jungen zu verwenden, und legte seine Kompositionen dem Erzherzog Peter Ferdinand vor. Der Erzherzog, selbst Komponist und hochmusikalisch, war beeindruckt und versprach seinem Schützling einen Freiplatz am Konservatorium in Wien.

Ferdinand war überglücklich, meldete sich in seinem Überschwang gleich selbst von der Realschule ab, nahm die Glückwünsche seines Klassenvorstandes und ein positives Abgangszeugnis in Empfang — und erlebte zu Hause eine bittere Enttäuschung. Die Eltern erklärten sich nämlich keineswegs mit Ferdinands Plänen einverstanden und zeigten, durch das eigenmächtige Abmelden von der Schule nur überaus erbost, auch keinerlei Bereitschaft, ihren unglücklichen Sohn nach Wien ans Konservatorium ziehen zu lassen; sie schickten ihn kurzerhand als Maurerlehrling auf die nächste Baustelle. Wenn er nicht auf dem Wege des Studiums den Status eines Baumeisters erreichen wollte, dann müßte er den Beruf eben als Maurer von der Pike auf lernen!

Von der Pike auf, das bedeutete Ziegel schupfen, Mörtel rühren, Kalk mischen (schon eine große Auszeichnung!) und zur Erholung Jausenbrote für die Maurer holen. Bis 7 Uhr abends. Eine Ferialpraxis, wie sie sich der vor allem auf künstlerischem Gebiet so wißbegierige Ferdinand wahrhaftig nicht vorgestellt hatte! Verzweifelt klagte er bei einem zufälligen Zusammentreffen seinem ehemaligen Schuldirektor, der mit einiger Verblüffung die Maurerkluft seines früheren Schützlings registriert hatte, sein Leid. Direktor Zeus riet, den ob der Eigenmächtigkeit des Sohnes wohl nicht ganz zu Unrecht erzürnten Vater um Verzeihung zu bitten, verwandte sich auch selbst für Ferdinand und erwirkte bei Baumeister Grossmann nach einigen Mühen die Einwilligung, Ferdinand in einer Lehrerbildungsanstalt weiterstudieren zu lassen. Lehrer hätten stets die Möglichkeit, aktiv Musik zu betreiben, wären zudem für den Musikunterricht an den Volksschulen zuständig, so böte der Beruf Ferdinand die Möglichkeit zum Kontakt mit der geliebten Musik.

Ferdinand nützte jede Chance. Beim Direktor des Linzer Konservatoriums August Göllerich, dem Schüler von Franz Liszt und ersten Biographen Anton Bruckners, legte er eine Prüfung ab, die ihm einen Studienfreiplatz sicherte. Ein halbes Jahr nahm er Geigenunterricht bei van der Hoya, dann wechselte er zum Violoncello, an Cellisten herrschte nämlich akuter Mangel. An ein Klavierstudium war nicht zu denken, da Ferdinand zu Hause immer noch nicht üben durfte. Auch für sein Musizieren auf dem Cello mußte er warten, bis alle schliefen, und dann seinen Ton mit einem Taschentuch dämpfen. Wenigstens konnte er das ursprünglich geliehene Instrument nach und nach aus dem Erlös von Nachhilfestunden in Raten abzahlen.

Geld war nach wie vor nicht vorhanden im Hause Grossmann. Ein tragischer Zufall bzw. die Unverantwortlichkeit eines Baupoliers ließ an einer von Baumeister Grossmann betreuten Baustelle eine Mauer einstürzen, zwei Todesopfer waren zu beklagen. Bruno Grossmann, zwar nicht schuldhaft beteiligt, aber als Chef der Letztverantwortliche, verlor für zwei Jahre seine Konzession. Nun mußte Ferdinands Lohn aus Nachhilfestunden für den Erhalt der Familie herangezogen werden. Dem Vater wurde nach geraumer Zeit die Bauaufsicht beim Bau der Traunbrücke in Gmunden übertragen, und er verließ mit seiner Frau und der kleinen Sophia von einem Tag auf den anderen das alte Heim in Linz. Ferdinand blieb, obdachlos, fand schließlich Unterkunft bei seinem Freund Alfred Schopper und Trost in der Musik.

Er spielte bereits im Orchester, am letzten Cellopult und in der Nähe der Geigerin Mela Trowovski. Man machte gemeinsam Kammermusik im Elternhaus der polnischstämmigen Offizierstochter, Ferdinand wurde wie ein Sohn aufgenommen und sollte auch ein solcher werden. Einer Liebesheirat schien nichts im Weg zu stehen. Bis ihm ein Arzt den Zutritt zum Elternhaus der Geliebten verwehrte. Mela war an Kopftyphus erkrankt, es bestand keine Hoffnung mehr. Mit ihren letzten Worten verlangte das Mädchen nach Ferdinand, sie wollte mit ihm musizieren.

Die völlig gebrochenen Eltern kehrten nach Polen zurück, um nicht in Linz ständig an ihre verstorbene Tochter erinnert zu werden. Wieder hatte Ferdinand Eltern verloren.

Das Leben erschien ihm sinnlos in diesem unaufhörlichen Entzug von Liebe. Am Weg zur Donau füllte er seine Taschen mit Steinen, hielt auf der Brücke noch kurz inne, um diese Jugend der Entsagungen an sich vorbeiziehen zu lassen, geriet in die Trance zum letzten Sprung.

Doch Alfred Schopper war wachsam gewesen, hatte die sich mehrenden Depressionen des Freundes mit Sorge beobachtet und war ihm zum Fluß gefolgt. Der Zuspruch des Freundes führte Ferdinand ins Leben zurück. Schopper deutete an, daß der Sinn des Lebens durch Schicksalsschläge nicht verschüttet werden kann, und wies im gemeinsamen Musizieren — Schopper spielte ausgezeichnet Geige — wieder den Weg zur Kunst.

Alfred Schopper erzählte auch von Wien, von den großartigen Aufführungen in der Hofoper, die unter Direktor Gustav Mahler gerade eine Hochblüte wahren Künstlertums erlebte. Ferdinand wollte auch teilhaben, doch wie in die Hauptstadt gelangen ohne Geld für irgendeine Fahrgelegenheit? Er wanderte zu Fuß nach Mauthausen, ließ sich dort als Ruderer auf einem Schleppkahn „anheuern", kam so zum ersten Mal bewußt in seine Geburtsstadt Tulln und ging von dort wieder zu Fuß weiter nach Wien. Die folgende Nacht verbrachte er vor der Stehplatzkassa der Hofoper, um nur ja eine Karte zu ergattern — „Fidelio" stand auf dem Programm! Um seine restlichen Groschen kaufte Ferdinand statt etwas zu essen einen Klavierauszug der Oper und vertiefte sich in Beethovens Universum. Die Aufführung wurde für den jungen Mann aus Oberösterreich dann zu einem Ereignis, wie er es in dieser Intensität in der Oper nie mehr erleben sollte. Die jugendliche Begeisterung für Musik, Freiheit und Liebe wurde geschürt durch die exemplarische Ausdeutung durch Gustav Mahler und Alfred Roller. Glückselig wanderte er heim, meist zu Fuß, Fuhrwerker nahmen ihn ein Stückchen mit, nachts schlief er im Heu. Nach einer Woche war er wieder zu Hause. Wien hatte einen unauslöschlichen Eindruck hinterlassen.

Ferdinand begann nun, sich mit Feuereifer auf den Abschluß des Abiturientenlehrganges der Lehrerbildungsanstalt vorzubereiten. Und mußte mit Entsetzen feststellen, daß sein Gehör immer schwächer wurde, teilweise konnte er Kollegen, die ihn aus einiger Entfernung ansprachen, nicht mehr verstehen. Einer seiner Lehrer, Prof. Stifter — ein Neffe des Dichters Adalbert Stifter —, riet Ferdinand dringend, einen Spezialisten aufzusuchen. Mit Rücksicht auf die prekäre finanzielle Situation des Schülers empfahl Stifter den Hals-Nasen-Ohren-Facharzt Dr. Clodi. Dr. Clodi verstand sich als wahrer Helfer und stellte sein Wissen in Notfällen auch kostenlos zur Verfügung; nahm sich auch Zeit für den verzweifelten jungen Musiker, dem wieder einmal, wie schon dem einjährigen Baby Ferdinand, der Verlust des Gehöres zu drohen schien. Wie es denn um die Ernährungsgewohnheiten bestellt wäre? Nun, Ferdinand verköstigte sich mittags in der Volksküche, abends gab es Brot. Dr. Clodi verstand, schrieb ein Rezept, steckte es in ein Kuvert und verabschiedete seinen Patienten freundlich. Im Stiegenhaus wagte Ferdinand einen Blick ins Kuvert; er hatte Angst, sich das wohl teure Spezialpräparat vielleicht nicht leisten zu können. „Sie werden künftighin Montag, Mittwoch und Freitag bei mir zu Mittag essen. Clodi." Der Gesundheitszustand des Heranwachsenden besserte sich in der Folge zusehends, Ferdinands Gehörleiden war die Folge einer Unterernährung gewesen.

Die Matura an der Lehrerbildungsanstalt Linz war in diesem Sommer 1906 kein Problem mehr. Die Schulabschiedsfeier brachte nach ungewohntem Alkoholkonsum den ersten Schwips, wegen nächtlicher Ruhestörung durch ein etwas zu lautstark ausgefallenes Ständchen für eine beliebte Sängerin sogar ein unfreiwilliges Polizeiquartier und für den folgenden Tag einige Übelkeit, der der frischgebackene Herr Lehrer allerdings nicht nachgeben konnte. Er war nämlich als sogenanntes „Bezirksautomobil" bereits unterwegs — mit der Pferdepost — nach Gallneukirchen, zu jener Schule, in der er seinen ersten Dienst als Aushilfslehrer für einen erkrankten Kollegen antreten sollte.

Der Oberlehrer empfing den nicht gerade hühnenhaften

Jungkollegen ein wenig verunsichert: „Das ist eine 6. Klasse, die Buben sind ja teilweise größer als Sie!“ Die mangelnde Körpergröße machte Lehrer Grossmann allerdings durch Energien wett: Die beiden größten Raufbolde der Klasse packte er gleichzeitig am Schlafittchen und schleppte sie vor zum Katheder. Die verblüffte Schar der rund 70(!) Klassenkollegen war so rasch zur Räson gebracht.

Gewalt allerdings war nicht sein Weg. Grossmann war Pädagoge von Anbeginn. Für die Buben, so erkannte er bald, gab es keine Möglichkeit, die körperlichen Kräfte umzusetzen, seit 1½ Jahren hatten sie keinen Turnunterricht mehr gehabt — was sollten sie mit ihren überschüssigen Energien anderes tun als raufen? Also nahm Lehrer Grossmann die Bande mit ins Freie, erklärte, wie man aus Fetzen einen Ball zusammenbasteln kann und betrieb mit den Buben Sport. Durchs Feuer wären sie gegangen für ihn, binnen kürzester Zeit war Grossmann der beliebteste Lehrer! Mit Buben richtig umzugehen, die Freude, das Leben in ihnen zu wecken, das hat Ferdinand Grossmann schon als knapp Zwanzigjähriger gekonnt. Er konnte es bis ins hohe Alter.

Gallneukirchen war nur die erste Station, die sechste Klasse mußte sich nach drei Monaten von Lehrer Grossmann trennen und alleine mit dem Fetzenlaberl weiterspielen. Vergessen haben sie die pädagogische Aushilf' von 1906 nicht so bald, selbst von den Fronten des Ersten Weltkrieges erreichten Ferdinand Grossmann noch Feldpostkarten von ehemaligen Angehörigen der Gallneukirchner Rasselbande.

Grossmann fuhr indessen per Rad — erworben auf Raten — in die jeweiligen Orte des Bezirkes Gmunden, in denen ein Lehrer wegen Krankheit ausgefallen war: Pinsdorf, Obertraun, St. Wolfgang, Gmunden selbst, Ohlsdorf waren die ersten Wirkungsstätten. In Ohlsdorf nahm man ihn besonders freudig auf, weil er außer Orgelspielen auch Tarockieren konnte: „Dann sind Sie schon der Richtige für uns“, stellte der Pfarrer von Ohlsdorf, der gleichzeitig Obmann des Ortsschulrates war, befriedigt fest. Und in St. Wolfgang wurde der Aushilfslehrer in einem riesigen, unbenützten Klassenzimmer untergebracht, dessen Mobiliar im wesentlichen aus drei geräumigen Fensterbrettern bestand, die Grossmann als Eßtisch, Wäschekasten und Musikzimmer einrichtete: auf Fensterbrett Nr. 3 lag ein Pappendeckel, auf den Grossmann mit Akribie die Tastatur eines Klaviers gemalt hatte. Und darauf übte er, stundenlang. „Mein inneres Ohr hörte die Präludien und Fugen Bachs, die die Finger auf den stummen Tasten spielten. So bereitete ich mich auf meine Staatsprüfung vor."

Die Staatsprüfungen für das Lehramt an Mittelschulen waren Ferdinand Grossmanns nächstes Ziel. Neben seiner Lehrtätigkeit an den verschiedenen Volks- und Hauptschulen, neben zahlreichen Privatstunden, die er geben mußte, um seinem Vater finanzielle Unterstützung zukommen lassen zu können, absolvierte er im Herbst 1908 die Staatsprüfung in Gesang, ein halbes Jahr später das Hauptfach Klavier, nach einem weiteren halben Jahr konnte er auch die Staatszeugnisse für die Fächer Orgel und Komposition entgegennehmen. Studiert hatte er ausschließlich als Autodidakt, ohne Kurse, ohne Lehrer, ohne Unterstützung durch Kollegenschaft.

Und eben neben seiner Lehrtätigkeit, die 1909 endlich an der Volksschule Gmunden einen beständigeren Platz als „provisorischer Lehrer" gefunden hatte. Trotz Studium, Volksschule und Privatunterricht immer noch nicht ausgelastet, wurde Grossmann auch Gesangslehrer am Gmundener Gymnasium, reformierte er den Chor, gründete ein Schulorchester und veranstaltete Akademien. Der Männergesangverein „Edelweiß" ernannte Ferdinand Grossmann in dessen 21. Lebensjahr zu seinem Chormeister. Und 1909 konnte Chormeister Grossmann sogar Dank von allerhöchster Stelle entgegennehmen:

„Dem Lehrer Ferdinand Grossmann in Gmunden wurde für den von ihm anläßlich des 60jährigen Regierungsjubiläums Seiner Apostolischen Majestät komponierten und an Allerhöchster Stelle unterbreiteten Chor ‚Gebet aus den Alpen' der Allerhöchste Dank mit dem Beifügen bekannt gegeben, daß oben erwähntes Werk der k. und k. Familien-Fideikommiß-Bibliothek einverleibt werden wird."

Ferdinand Grossmann, 1895, ein Sängerknabe im Linzer Dom

1909, „Lassen Sie sich einen Schnurrbart wachsen . . "

1910, „Bürgertag in Gmunden"

Hochzeit am 1. Februar 1912

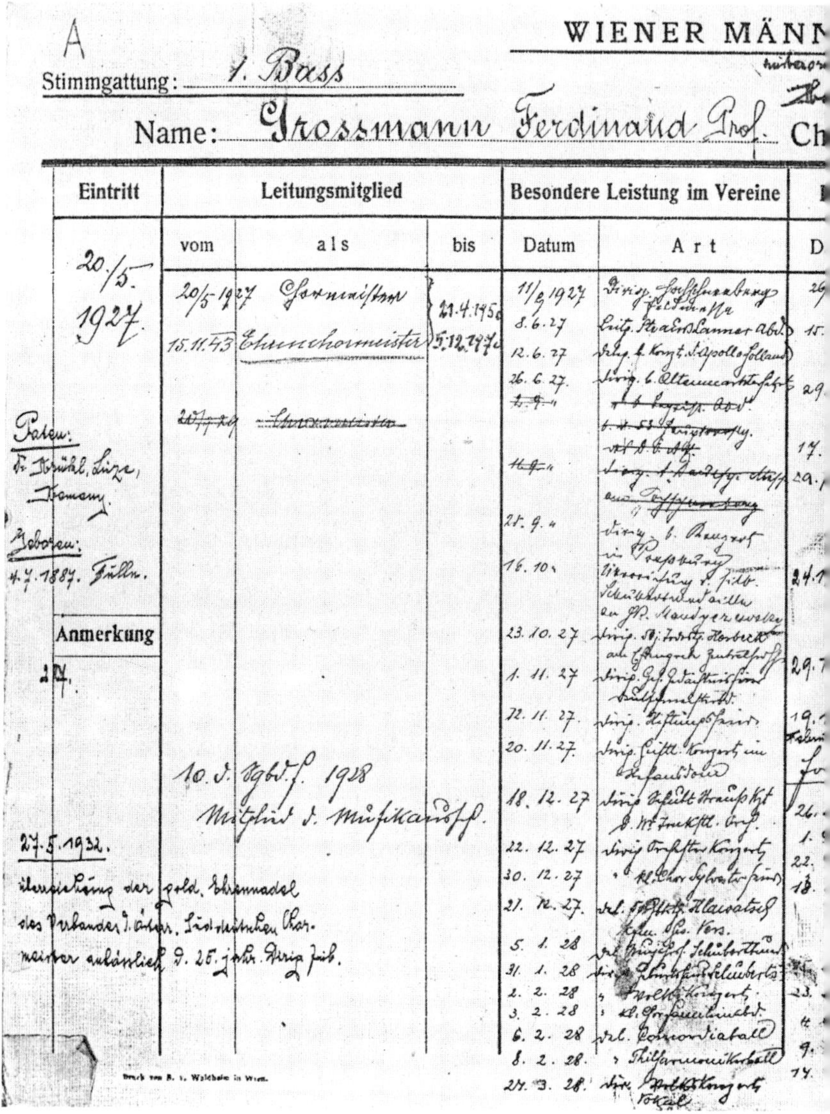

A

WIENER MÄNN

Stimmgattung: 1. Bass

Name: Grossmann Ferdinand Prof.

Eintritt	Leitungsmitglied vom	als	bis	Besondere Leistung im Vereine Datum	Art
20/5. 1927.	20/5-1927	Chormeister	21.4.1956	11/6 1927	
	15.11.43	Ehrenchormeister	5.12.1974	8.6.27	
				12.6.27	
				26.6.27	
				21.9.	
				16.10.	
				23.10.27	
				1.11.27	
				12.11.27	
				20.11.27	
				18.12.27	
				22.12.27	
				30.12.27	
				27.12.27	
				5.1.28	
				31.1.28	
				2.2.28	
				3.2.28	
				6.2.28	
				8.2.28	
				27.3.28	

Paten:

Geboren: 4.7.1887.

Anmerkung

1928 Mitglied d. Musikausschusses.

27.5.1932.

Druck von R. v. Waldheim in Wien.

Stammdatenblatt Grossmanns im Wiener Männergesang-Verein

GESANG-VEREIN.

~~Professor der Akademie für Musik und darstellende Kunst in Wien~~ Chordirektor ~~des Wr. Staatsoper~~ des Singvereines der Gesellschaft der Musikfreunde, Leiter der Wr. Sängerknaben

...er: ~~Professor f. Musik~~, Chormeister, Regierungsrat,

e Ehrung durch den Verein		Teilnahme an				Austritt	
Anlaß	Art	Leseproben	Hausorchester	der Reise nach	Jahr	Art	Datum
...feier in Altenmarkt a. Tr.	Lenz-Plakette			Hochschneeberg	1927	✝	
				Altenmarkt a. Tr.	1927		
...ig. Leitung ... [illegible]	Glückwunsch			Pressburg	1927	5. 12. 1970	
				Baden	1928		
Chordirektor, ... Ernennung	Glückwunschschreiben			Znaim	1928	Große Deputation	
...ir. Math. Preis	"			Burgenland	1930	beim Begräbnis	
25jähriges Chormeisterjubiläum	Beglückwünschung und Überreichung d. silb. Schubertmed. in Wochenversammlung u. Ehrenurkunde			Frankreich	1930	Kranzspende	
				Budapest	1931	mit Vereinsschleife	
				Ödenburg	1934		
Glückwunsch in der Wochenversammlung zu den großen Erfolg als Dirigent im Festkonzert des Singvereines der Gesellschaft der Musikfr..				Burgenland	1935	Gedenkstunde in der Wochenversammlung. Wahlspruch.	
				Gutenstein	1936		
				Deutschland	1937		
Glückwunsch zur Verleihung des Titels Regierungsrat in der Wochenversammlung.				München	1938		
Glückwunsch f. d. Erfolg in Bpst m. d. „Opernchor".				Ybbs Melk	1948		
Glückwunsch zum Gesellschaftskonzert in der Wochenversamml.				Spitz	1948		
				D.Ö. Salzburg	1949		

...ung bzw. Leitung [illegible]:

Dir. Fz. Schubert Gedächtn. Kzt.
" Sonntagskzt. d. Wr. Männerchor
" Konzert in Baden b. W.
" Kulturhaus Znaim
" [illegible]
" in Spitz [illegible]
" Kl. Chor [illegible] Stadtpark
" [illegible]
" [illegible] Unt. Minist.
" [illegible]
" Konzt. d. Wr. [illegible]

[Unterschrift]

24.4.36.	Offizierskreuz der Krone von	des Ordens Italien.	} Wochenversammlung

Mit dem Wiener Männergesang-Verein vor dem Künstlerhaus, 1934

Ferdinand Grossmann dirigiert den Akademischen Orchesterverein, Wien 1932/33

Konzertdirektion Benno Lie

Konzertvereinigung Wiener Staatsopern-Chor

GROSSER MUSIKVEREINS-SAAL

Donnerstag, den 12. April 1934, abends 8 Uhr

FEST-KONZERT

Dirigenten:

Staatsoperndirektor CLEMENS KRAUSS
Chordirektor FERDINAND GROSSMANN

Mitwirkende:

Kammersänger ALFRED PICCAVER
Ehrenmitglied der Wiener Staatsoper

GESAMTCHOR DER WIENER STAATSOPER

PROGRAMM:

Volks- und Naturgesänge:

MAX REGER	Frühlingsblick	6 stimmig
ANTON DVORAK	a) Im Haine hört das Abendläuten	4 bis 8 stimmig
	b) Der Verlassene (mähr. Volkslied)	4 stimmig
JENÖ VON HUBAY	a) Das Lied von der Furche	4 bis 8 stimmig
	b) Droben dort das Sternenheer (ung. Volkslied)	4 stimmig
ZOLTAN KODALY	Bilder aus der Matra-Gegend (Nach ung. Volksliedern)	4 bis 8 stimmig

Zum 70. Geburtstag von Dr. Richard Strauß:

RICHARD STRAUSS	Der Abend	16 stimmig
RICHARD STRAUSS	a) Ständchen b) Heimliche Aufforderung Kammersänger ALFRED PICCAVER, Ehrenmitglied der Staatsoper Am Klavier: PROF. ERICH MELLER (Staatsoper)	
RICHARD STRAUSS	Hymne	16 stimmig

Klavier: Bösendorfer

Preis des Programmes 50 Groschen

Audienz bei Papst Pius XI., Vatikan 1936
Sitzend 2. von links: Karl Pilss, weiter: Ferdinand Grossmann, Felix von Weingartner

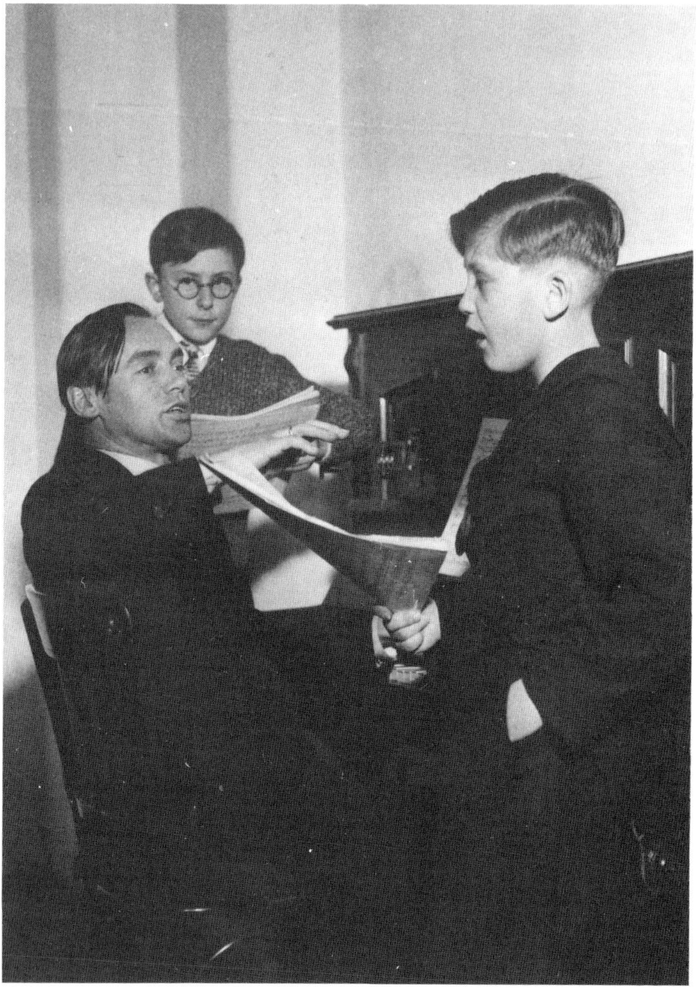

Probe für „Christus am Ölberg mit zwei Sängerknaben", Wien 1934

Probe in Brüssel 1940

Die Wiener Sängerknaben in der Hofburgkapelle

Die Hände formen den Klang

Mit Hans Gillesberger, seinem Nachfolger als künstlerischer Leiter der Wiener Sängerknaben (ab 1968)

Zum Komponieren fand Ferdinand Grossmann also auch noch Zeit. Und für die Kammermusik, für sein Cello, weiters begleitete er — dies auf dem Klavier — Solisten des Kirchenchores bei Vortragsabenden, und er studierte, schmökerte am liebsten in der Bibliothek seines Freundes Habert, die diesem von dessen Vater, dem Komponisten Johann Evangelist Habert, vererbt worden war.

Vor allem aber hielt Ferdinand Grossmann Ausschau nach einer fixen, halbwegs gut bezahlten Anstellung und machte sich nun, nach Ablegung der Staatsprüfungen, die größten Hoffnungen. In Innsbruck bewarb er sich zuallererst. Die freigewordene Stellung eines Musiklehrers an der Lehrerbildungsanstalt wurde ihm vom zuständigen Landesschulinspektor jedoch trotz eines Empfehlungsschreibens von Erzherzog Eugen recht grob versagt: „Was, Sie sind der Grossmann? Nein, mein Liebster, Sie kommen für den Posten nicht in Frage. Die Hälfte der Schüler sehen ja aus, als wären sie Ihr Vater. Sie müssen schon noch einige Jahre warten, bis Sie älter aussehen. Und lassen Sie sich einen Schnurrbart wachsen!"

Niedergeschlagen kehrte Ferdinand Grossmann nach Gmunden zurück; er bereitete sich nun, da er hier neue Möglichkeiten wähnte, auf die Turnlehrerprüfung vor. Ein guter Sportler war er ja immer schon gewesen, und er hatte auch, 1909/1910, an der Knaben-Hauptschule Gmunden Stadt bereits als „Hilfslehrer für Turnen" gearbeitet. Doch nun, drei Jahre später, war einfach keine Stelle zu bekommen.

Den Kampf ums Dasein, die Suche nach einem geeigneten Posten mit entsprechender Bezahlung, hatte Ferdinand Grossmann seit geraumer Zeit nicht mehr allein durchzustehen. Seit 1. Februar 1912 war er mit Maria Rosa Kindler, der einzigen Tochter des Direktors und Großaktionärs der Papierfabrik Steyrermühl verheiratet. Eine Maria. Maria hatte seine Mutter geheißen, die er so früh verloren hatte, Maria hieß nun seine junge Frau, die er durch seine Liebesbeteuerungen davon abgehalten hatte, den Schleier zu nehmen und ins Kloster zu gehen. Sie waren sehr glücklich in diesen ersten Jahren. Am 1. November 1912 wurde das erste

Kind geboren, eine Tochter Elisabeth. Fünf weitere Kinder sollten folgen: Herta Maria (geb. 1914), Maria Irmgard (geb. 1917), Reinhold (geb. 1920), dann Walfried (geb. 1923) und schließlich Elfriede (geb. 1929). Das aber war schon eine andere Zeit.

Zuerst gab es Krieg. Ferdinand Grossmann, ursprünglich wegen eines Herzfehlers als untauglich registriert, mußte im Jänner 1915 doch einrücken. Artillerie, sie galt als wenig gefährdet, einjährig Freiwilliger. Ein Sturz vom Pferd verhalf zur Heimreise nach Gmunden. Dann 4. Tiroler Kaiserschützenregiment, Ersatzkommando in Vöcklabruck. Nach neuerlicher Musterung Versetzung in die Schreibstube; als Adlatus des ihm sehr wohlgesonnenen Rechnungsoffiziers avancierte Ferdinand Grossmann zum Korporal. Im Frühjahr 1916, in der Gegend der Sette Comuni auf dem italienischen Kriegsschauplatz, wurde er Kadettaspirant. Ein halbes Jahr später erreichte Herrn Grossmann eine Berufung an die Rechnungsabteilung im Kriegsministerium in Wien. Es war ein Irrtum, man hatte einen Siegfried Grossmann vorgesehen gehabt. Doch auf Veranlassung des Hauptmannes wurde beim Heereskommando in Trient der Dienstzettel korrigiert und Ferdinand Grossmann kam nach Wien. Sein erster Eindruck war das erschütternde Begräbnis Seiner k. und k. Majestät Kaiser Franz Josephs I. Sein zweiter Eindruck die Musik in Wien.

Man bat ihn, eine Probe beim 1. Wiener Frauenchor zu übernehmen. Hermann von Schmeidel, Neffe von Wagner-Jauregg und Gründer des Chores der vornehmen Damen der Wiener Gesellschaft, war erkrankt. Ferdinand Grossmann hatte Schmeidel einst am Gmundener Gymnasium unterrichtet. In seiner nur mehr wenig repräsentativen Kriegsuniform erschien Grossmann nun also zur Probe und erntete höchst abfällige Blicke durch die Lorgnons. Daß der bei den Damen so außerordentlich beliebte Schmeidel erkranken mußte, war schon schlimm genug, und nun dies hier?

Die Freude an der Musik, vielleicht auch in diesem Rahmen, beflügelte Grossmann. Er nahm die Herausforderung an und warf all seine Begeisterung in die Probenarbeit. Die Damen wurden einfach mitgerissen. „Das machen Sie ja fast wie unser Hermann!!?“ Für Grossmann war nach diesem ersten durchschlagenden Erfolg seiner Chorleitertätigkeit in der Hauptstadt klar: In Wien, nur in Wien, wollte, mußte er seinen Weg machen!

Allerdings, es schien keinerlei Aussicht zu bestehen, in Wien eine Stelle zu bekommen. Nur an Bürgerschullehrern bestünde Mangel, wurde erklärt, also begann Ferdinand Grossmann nochmals zu studieren, büffelte Mathematik, Geometrie, besuchte Abendkurse, nahm Unterricht bei einem akademischen Maler und hatte 8 Monate später die Bürgerschullehrerprüfung in der Tasche. Wieder ein Zeugnis, wieder eine Fülle von Bewerbungen um alle freigewordenen Stellen der in Frage kommenden Kategorien in Wien — und wieder: lauter abschlägige Antworten. Als Trost blieb ihm nur der Besuch von Chorproben und Konzerten, bei denen er sich stetig weiterbildete und zudem zu seiner Freude feststellen konnte, daß sein Gehör offenbar um vieles feiner war als das der meisten dirigierenden Kollegen.

Geschwächt war Ferdinand Grossmann freilich sehr in dieser Zeit. Zu essen gab es kaum, die Ausweglosigkeit der beruflichen Misere kostete unglaublich viel Kraft. So warf ihn die im Spätherbst 1918 in Wien kursierende Grippe sofort aufs Krankenbett. Das Militärlazarett in Grinzing, in das er eingeliefert wurde, ein Barackenhospital, erwies sich als hoffnungslos überlastet: Verstorbene blieben liegen, Schwestern und Ärzte meinte man, öfter beim Kartenspiel als bei der Pflege Kranker beobachten zu können. Grossmann sammelte alle Kräfte und fuhr, sobald er sich halbwegs auf den Beinen halten konnte, im offenen Waggon durch die Winterkälte nach Gmunden, um sich auszukurieren.

Wiederhergestellt trat er seine Stellung als Volksschullehrer und als Gesanglehrer am Gymnasium in Gmunden sofort wieder an. 3 Kinder waren der Familie inzwischen geboren. Um sie nicht hungern lassen zu müssen in diesen schweren Zeiten, zog der junge Vater Grossmann mit einem riesigen Rucksack durch das Land und kam immer wieder reich beschenkt nach Hause. Die Bauern liebten seine fröhliche Art, seinen Charme, seine Musik. Es konnte gut vorkommen, daß man den Lehrer Grossmann an einer Straßenecke fand, wo er sich einfach hingesetzt hatte, um zu singen. Einmal brachte er von einer seiner Broterwerbswanderungen ein lebendes Kitz mit nach Hause. Unter dem Hallo der Kinder wurde es in der Küche einquartiert und selbstverständlich niemals geschlachtet, das hätte keiner übers Herz gebracht!

Ferdinand Grossmann konnte seine Kinder bezaubern, sie fast in Trance versetzen durch seine phantasiereichen Spielereien. Sie vergaßen die schweren Zeiten, wenn er für sie durch Fingerschnalzen im Mund ein ganzes Feuerwerk zum Explodieren brachte. Oder wenn er durch täuschend echtes Zwitschern und Tirilieren so manchen Vogel in dessen Sprache heranlocken konnte. Er kannte jede einzelne Pflanze auf den weiten Wiesen und Feldern Oberösterreichs mit Namen, machte die Kinder mit Flora und Fauna bekannt, weckte ihre Verbundenheit mit der Natur. So waren sie glücklich.

Und dann erreichte ihn im Frühjahr 1919 ein Angebot, als Aushilfslehrer an eine Mädchen-Bürgerschule nach Wien zu kommen. Endlich Wien! Für Grossmann war es kaum zu glauben! In Gmunden aber zeigte man sich entsetzt: In Wien, dem nun unverhältnismäßig großen Wasserkopf des Rumpf-Österreich — da konnte doch keine Zukunft liegen! Ja früher, die Kaiserstadt, das Zentrum der mächtigen Habsburgermonarchie mit all seinen kulturellen Möglichkeiten eines Schmelztiegels im Vielvölkerstaat, das wäre wohl etwas anderes gewesen! Aber nun! Und dazu bloß Aushilfslehrer! Gmunden bot Ferdinand Grossmann — nun auf einmal! — eine fixe Stelle als Bürgerschullehrer, ferner den neu zu schaffenden Posten eines Bezirksschulinspektors und über kurze Frist die Position des Direktors der Bürgerschule. Angebote, die einen 32jährigen wohl zur „Vernunft“ bringen müßten, Angebote, die alle Existenzsorgen der Vergangenheit vergessen lassen würden.

Im Herbst 1919 übersiedelte Ferdinand Grossmann nach Wien. Trotz allem. Zwar hatte er Landeshauptmann Hauser gebeten, seine Gmundener Stelle ein Jahr lang nicht auszuschreiben — ein Rückweg sollte offenbleiben, wenn Wien sich als Fehlschlag erweisen würde. Und der Familie wollte er den Umzug in die Großstadt auch nicht zumuten. Zu unsicher schien alles, zu riskant. Aber die so lange ersehnte Chance nicht zu nützen, war ihm unmöglich. So blieb Frau Grossmann mit ihren drei kleinen Töchtern im sicheren Gmunden zurück, und Vater Ferdinand übersiedelte mit seinem Klavier und vielen Erwartungen nach Wien.

Das kärgliche Gehalt eines Aushilfslehrers sandte er ohne Abzüge allmonatlich an seine Frau, sie hätte sich und ihre Kinder sonst nicht ausreichend versorgen können. Für den eigenen Lebensunterhalt zog er am Abend in ein Lokal in der Rotenturmstraße, um die mehr oder weniger zweifelhaften Gäste — zum Großteil Mitglieder der Reparationskommission — mit seinem Harmoniumspiel zu unterhalten. Vom künstlerischen Standpunkt eine äußerst deprimierende Beschäftigung, vor allem zusätzlich zum Tagespensum sehr kräfteraubend. Auch als Cellist in einem Caféhausorchester — selbstverständlich gleichfalls oft bis spät in die Nacht — konnte sich Grossmann nicht gerade erholen. Tagsüber erhielt er als Aufseher der amerikanischen Ausspeiseaktion wenigstens ein Mittagessen. Er kam durch. Und wollte unbedingt weiterstudieren. Ab Herbst 1920 besuchte er die Kapellmeisterschule bei Dr. Ludwig Kaiser, deren Oberleitung in den Händen von Felix von Weingartner lag, und gewann Sicherheit: Seine Zukunft war Wien.

In einem Dankschreiben an Landeshauptmann Hauser gab er seinen Verzicht auf die angebotenen Stellen in Oberösterreich bekannt und holte 1922 seine Familie — Sohn Reinhold war inzwischen geboren worden — nach Wien. Die neu zu beziehende Wohnung in der Burggasse hatte er selbst entwanzt, mit Hilfe seines Freundes Preinesdorfer mit elektrischem Licht versorgt und ausgemalt. Die finanzielle Lage war auch etwas rosiger geworden: Mit Erlaß hatte die Schulverwaltung bereits 1920 die Bezahlung der Lehrer vom Befähigungsnachweis abhängig gemacht, Ferdinand Grossmann war damit auch auf dem Gehaltszettel vom Aushilflehrer, der er de facto noch war, zum definitiven Bürgerschullehrer avanciert.

Die Republik Österreich wollte indessen ihre Bildungsstätten neu gestalten. Otto Glöckel stellte eine Schulreformkommission zusammen, in die er sich, zur Erarbeitung des Lehrplanes für den Musikunterricht, Ferdinand Grossmann holte. Ab 1923 arbeitete Grossmann Pläne für den neuen Typus der Allgemeinen Mittelschule aus, ab 1924 unterrichtete er selbst an diesem Schultypus Gesang. 1929 wurde Ferdinand Grossmann nach 25jähriger Lehrtätigkeit von Otto Glöckel persönlich pensioniert. Grossmann war 42 Jahre alt und sein Wirkungskreis keineswegs schon ausgeschritten. Im Gegenteil.

Wiener Männerchor, Wiener Schubertbund, Wiener Chorverein, Wiener Kaufmännischer Gesangverein, Wiener Singakademie, Singverein der Gesellschaft der Musikfreunde in Wien, Wiener Männergesang-Verein, Chor der Wiener Staatsoper, Wiener Sängerknaben — irgendwann hat ihnen allen Ferdinand Grossmann seinen Stempel aufgedrückt. Nach dem Zweiten Weltkrieg sollte dann noch der Akademie-Kammerchor dazukommen, doch dies sei vorerst nur als Hinweis auf die Zukunft angedeutet.

Ferdinand Grossmann, der bis in sein 4. Lebensjahrzehnt verzweifelt um künstlerisch und pädagogisch halbwegs befriedigende Stellungen hatte kämpfen müssen, sah sich auf einmal fast alljährlich vor die Frage gestellt, welche seiner liebgewordenen Chorvereinigungen er opfern sollte, weil schon wieder ein neues verlockendes Angebot an ihn herangetragen worden war. Wobei in der Möglichkeit dieser steten künstlerischen und persönlichen Weiterentwicklung gerade der größte Anreiz lag: So gerne Grossmann lehrte, bildete, formte — sobald ein Werk aufgebaut war, schritt er zum nächsten weiter. Zur Ruhe wollte er nicht kommen, auf wohlvorbereitetem Terrain es sich gemütlich einzurichten, war seine Sache nicht. Er gab Impulse, baute auf — war also doch ein Baumeister geworden, wie seine Eltern es ersehnt, in dieser Ausformung sich aber wohl keineswegs vorgestellt hatten. Wenn er nicht mehr weiterbauen konnte, wenn er nicht einen Keim zu weiterer Entwicklung zu entdecken vermochte, da wandte er sich einer neuen Arbeit zu. Bis er im Alter dann wieder die feinsten Anlagen der Kinder zu entfalten Anstoß gab. Da war das Universum aller Möglichkeiten wieder vor ihm ausgebreitet.

Vorerst aber gab's keine musische Gemeinschaft im idyllischen Augartenpalais, vorerst gab's das Gasthaus in der Kettenbrückengasse, in dem der Wiener Männerchor jeden Donnerstag seine Proben abhielt. Als Ferdinand Grossmann mit einer Empfehlung seines Lehrers Dr. Kaiser von der Kapellmeisterschule zur ersten Probe in das zünftige Margaretner Wirtshaus kam, stellten die Herren Chorsänger ihre Sessel im Halbkreis auf, die vorher sorgsam geleerten Bierkrügel daneben, legten ihre Zigarren aufs Klavier und blickten dem jungen Mann, der ihren altbewährten Chorleiter Kobe fortan unterstützen sollte, erwartungsvoll entgegen.

Die Probe wurde ein Erfolg. So wie einst die vornehmen Damen im Ersten Wiener Frauenchor hatte Ferdinand Grossmann auch die robusten Herren mit den Bierkrügeln zu überzeugen vermocht. Es war ein Teil seines so offenen, aufnahmebereiten Charakters, daß er sich auf die jeweiligen Erfordernisse sofort einstellen und seine musikalische Begeisterung jedem Gegenüber vermitteln konnte.

Die erfreuten Mienen der Chor-Herren gaben Frau Kobe, der Gattin des alteingesessenen Chormeisters im Männerchor, zu denken. Sie fürchtete um die Position ihres Herrn Gemahls und beschloß, Ferdinand Grossmann aus der gefährdenden Zone zu schaffen, indem sie den jungen Mann — weiterempfahl.

Frau Kobe war Mitglied der Wiener Singakademie, der Chorvereinigung der Konzerthausgesellschaft. Auch dort suchte man einen Chorleiter — und hatte ihn somit gefunden. Grossmann wurde als Assistent für Paul Klenau sofort aufgenommen. Man schrieb das Jahr 1923. Zwei Jahre später setzte sich der Konzertdirektor der Gesellschaft der Musikfreunde in Wien zur „Konkurrenz" ins Konzerthaus, um die Singakademie beim Probieren zu beobachten. Offensichtlich wurde Konzertdirektor Wilhelm Furtwängler beeindruckt. Vor allem vom Probenleiter: Das absolute Gehör des jungen Mannes war phänomenal, der ganze riesige Chorapparat blieb ihm bis in jede einzelne Stimme durchsichtig, er duldete keine Schlamperei, formte und forderte mit Akribie und vermochte dabei noch die ganze Hundertschaft bei freudiger, positiver Stimmung zu halten. Ja, Furtwängler gewann sogar den Eindruck, die Leute wären am Ende der Probe fröhlicher, als sie zu Beginn gewesen waren, und zwar offensichtlich, weil ihnen das Probieren einfach Spaß gemacht hatte.

Furtwängler wußte, was es hieß, mit einem solchen Apparat zu arbeiten. Nach der Probe wurde Ferdinand Grossmann gefragt, ob er nicht die Einstudierung der Chorkonzerte der Gesellschaft der Musikfreunde mit dem Singverein übernehmen wollte? Grossmann wollte, der Faszination, die vom „Goldenen Saal" ausgeht, konnte er sich nicht entziehen. Ferdinand Grossmann, 38 Jahre alt, aus Oberösterreich, arbeitete fortan mit Wilhelm Furtwängler, 39 Jahre alt, aus Berlin, im Wiener Musikverein zusammen.

Furtwängler wirkte damals für das musikalische Wien wie eine Droge! „Wo immer Furtwängler dirigiert, dort kommen die Zuhörer in einen wahren Taumel rasender Begeisterung", hieß es in der Presse, und gerade die Chorkonzerte — Aufführungen der Neunten Symphonie von Beethoven, der Bachschen Passionen etc. — hinterließen den tiefsten Eindruck. Ferdinand Grossmann hat hiefür durch die Stimmbildung und interpretatorische Prägung des Singvereins wichtigste Vorarbeit geleistet.

Die Einstudierung der großen Chorwerke unserer Musikliteratur, vor allem mit Laienchören, ist harte Arbeit — stimmbildnerisch, interpretatorisch, künstlerisch. Der Lohn dieser harten Arbeit liegt selten genug im überschwenglichen Dank der Öffentlichkeit, der Lohn liegt in der Arbeit selbst. Wenn sie Kunst wird. Der Lohn liegt in jedem einzelnen Chormitglied, das Künstlerisches zu schaffen lernt und Freude empfindet. Der Lohn liegt in der Musik. Und das war für Ferdinand Grossmann das Leben.

In diesen Jahren nach dem Ersten Weltkrieg bis 1930 arbeitete Ferdinand Grossmann hauptsächlich mit Laienchören zusammen, mit Gruppen begeisterter „Amateure" —

mit „Musikliebhabern" in des Wortes schönster Bedeutung. Sie sahen Kunst als Vollendung des Lebens vom Gewöhnlichen zum Ganzen oder auch bloß als erbauliche Freizeitbeschäftigung, hatten zum Teil ausgebildete Stimmen, die vielleicht für eine künstlerische Berufslaufbahn nicht ausreichten oder aber von allzu realistischen Eltern mit Hang zu „ordentlichen" Berufen am Aufblühen auf der Bühne gehindert worden waren, zum Teil sangen sie einfach mit ihrem natürlichen Potential „wie ihnen der Schnabel gewachsen" war. Auf jeden Fall sangen sie gerne, freiwillig, ohne Dienstvorschrift und Zwang, und machten mit ihrem Enthusiasmus so manche mangelnde Schulung wett.

Mit Ferdinand Grossmanns Hilfe konnten sie dann auch vieles nachholen, da wurde der Atem frei, die Stütze trug, die Verkrampfung löste sich. Man mußte nicht mehr brüllen, der ganze Körper wurde Instrument, man fühlte allmählich, wie man Teil eines Ganzen wurde, fühlte: „es singt". Und weil Grossmann die Prinzipien des Chorgesanges denen, die auf ihn hören wollten, so gut vermitteln konnte, weil er die Werke der musikalischen Weltliteratur und der kleineren, der „lokalen" Literatur so gut erklären und so ergreifend gestalten konnte, wurde er von einer Chorvereinigung zur nächsten weiterempfohlen.

Vom Schubertbund, in dem Grossmann seit 1918 schon als Sänger aktiv tätig gewesen war, zum Chorverein, vom Männerchor zum Kaufmännischen Gesangverein (1923 bis 1928), vom Singverein zum Wiener Männergesang-Verein, dessen Mitglieder ein Herzstück der Tenor- und Baßgruppen im Musikverein bildeten. Im Männergesang-Verein sang Grossmann auch selbst im Ersten Baß, am 20. Mai 1927 wurde er zum Chormeister bestellt und blieb der Vereinigung ab 1937 als Ehrenchormeister bis zu seinem Tode verbunden. Eine eindrucksvolle, vom jeweiligen Schriftführer des Chores penibel geführte Liste der Konzertauftritte, Gastreisen zu Konzerten in die Schweiz, nach Frankreich und mehrfach nach Deutschland, der Ehrungen und Feierstunden legt davon Zeugnis ab, ebenso ein ausführlicher, sehr herzlich und persönlich gehaltener Briefwechsel.

Grossmanns Beziehungen zu seiner Arbeit, seinen Kollegen und Schülern waren immer irgendwie persönlich, freundschaftlich, zutiefst menschlich. Nüchtern und sachlich kannte man ihn kaum. Auch beim Wiener Chorverein war er mit ganzem Herzen dabei. Der Chorverein, 1884 aus einem evangelischen Kirchenchor hervorgegangen, versammelte Mitglieder des Singvereins, der Singakademie, des Männerchors, Schubertbundes, Männergesang-Vereines, des Kaufmännischen Gesangvereines — alles „Grossmann-Chöre"! — in seinen Reihen und studierte mit besonderer Begeisterung die großen Oratorien und Kantatenwerke ein. Unter Grossmanns Leitung (1921-1930) wurden die alljährlichen Aufführungen der „Matthäus-Passion" am Palmsonntag in der evangelischen Kirche in Gumpendorf zum besonderen Ereignis.

Diesen Aufführungen ging jeweils eine intensive Probenarbeit voraus — vor der ersten „Matthäus-Passion" hatte Ferdinand Grossmann in 70 Proben minutiöse Aufbauarbeit geleistet. Zudem mußte man möglichst ohne Kosten das notwendige Notenmaterial beschaffen und einrichten, manchmal sogar auch erst abschreiben und kopieren, man mußte Instrumente beschaffen, Solisten und Orchestermusiker gewinnen. Von der Konzertveranstaltung ganz zu schweigen, Plakate und Abendprogramme entwerfen und drucken, Eintrittskarten verkaufen — alles haben diese Musikliebhaber selbst besorgt! Für die gute Stimmung sorgte Ferdinand Grossmann, er verstand es wie kaum ein anderer, durch seine faszinierende Probenarbeit immer wieder zu begeistern, auch unter den widrigsten Umständen seine Sänger immer wieder aus der Lethargie zu reißen und zu beflügeln. Das war das große Geheimnis seiner Persönlichkeit, damals schon und später immer mehr.

So sang der Chorverein also in der Augustinerkirche, in der Evangelischen Kirche in Gumpendorf, in mannigfaltigem sakralem Rahmen die Bachschen Passionen, auch Haydns „Schöpfung", Bruckners f-Moll-Messe oder das Requiem von Wolfgang Amadeus Mozart. Die Mitwirkung namhafter Solisten der Wiener Staatsoper, wie Hans Duhan oder Karl Erb, gab den Konzerten in den verschiedenen Wiener

Kirchen eine besondere Note, die man auch ins Ausland zu tragen vermochte: Reisen nach Deutschland waren bald entscheidende Fixpunkte, Nürnberg, Frankfurt, Wiesbaden, Mainz, Mannheim, Heidelberg, Karlsruhe, Stuttgart, Ulm wurden bereist, als Höhepunkt blieb allen, die dabei sein durften, ein Konzert mit einem Kammerensemble der Berliner Philharmoniker in der Berliner Garnisonskirche in Erinnerung: Ferdinand Grossmann leitete die „Matthäus-Passion", ein Schlüsselwerk seines interpretatorischen Künstlertums. Ein Musiker: „Er hat eben alles mit Herz dirigiert, das hat sich den Sängern mitgeteilt."

Zum Ausgleich lud Grossmann seine Chorvereinsmitglieder nach Gmunden ein, unternahm mit ihnen und seinen Kindern Touren in die Berge, Frau Grossmann hat Unterbringung und Verköstigung der Schützlinge und Freunde ihres Gatten zu aller Arbeit auch noch bewältigt.

Obzwar ihr die Wandlungen im Leben ihres Ehemannes schwer zu schaffen machten. Vor allem nach ihrer Übersiedlung nach Wien mußte sie feststellen, daß die neuen Gegebenheiten Distanzen geschaffen hatten. Ferdinand Grossmann hatte neue Leute, neue Möglichkeiten kennengelernt, war aus der Provinzenge in das pulsierende Leben der Wiener Gesellschaft vorgedrungen und hatte seine Interessen erheblich ausgeweitet. Damit waren auch gesellschaftliche Verpflichtungen verbunden. Frau Grossmann, nunmehr schon Mutter von fünf Kindern (Sohn Walfried wurde 1923 geboren), konnte ihren Mann keineswegs immer so begleiten, wie er es gerne gesehen hätte, auch verursachte ihr eine früh erworbene Schwerhörigkeit Unsicherheit im Gespräch. Sie war keine Gesellschaftsdame, hatte einen kleinen Provinzlehrer geheiratet und war, obzwar aus sehr gutem Hause stammend, auf den Sprung ins große Leben nicht vorbereitet gewesen. So opferte sie sich auf für ihre Kinder, wurde für die Heranwachsenden zur Heldin, die sich selbst nichts gönnte, solange die Kinder nicht alles hatten, die ihren Mädchen, später dann, bis 4 Uhr früh Kleider nähte, damit sie auch in schwersten Zeiten Ballveranstaltungen besuchen konnten. Mitunter verbarg sie wohl auch viel zu viel an Gram und Enttäuschung in sich. Geliebt hat sie ihn immer, ihren Mann, doch konnte sie ihm oft nicht folgen.

Ferdinand Grossmann hatte indessen seinen Wirkungskreis weiter ausgedehnt. Im Schubertbund, dessen stellvertretender Chormeister Ehrenmitglied Grossmann ab 1925 war, sangen auch Mitglieder des Akademischen Orchestervereins. Sie waren von Grossmanns pädagogischen Fähigkeiten beeindruckt und meinten, er würde wohl auch ein Orchester führen und es künstlerisch weiterbilden können.

Grossmann nahm die Herausforderung an. Auch im AOV — so die liebevolle und praktischere Kurzform des Orchesternamens — sitzen, heute wie damals, nebenberufliche Musiker, Laien kann man sie wohl nicht nennen, wenn sie ein Instrument so sehr beherrschen, daß im Zusammenspiel eine Symphonie entsteht. Sie sind echte Repräsentanten wienerischen Musikantentums. Zu den in „anderen" Berufen tätigen Doktoren, Diplom-Ingenieuren, Magistern und sonstigen akademischen Titelträgern kommen Studierende, vor allem auch der Musikakademie, die sich solcherart ein wenig Praxis erwerben und Literatur kennenlernen.

Ab 1926 half Ferdinand Grossmann bei der Erarbeitung des klassischen und romantischen Repertoires, auch der Bachschen Passionen und der damaligen Moderne. Er lehrte sie, daß ein Piano nicht unbedingt langsam zu spielen sei, ein Crescendo wohl wachsende Dynamik, nicht aber zunehmende Geschwindigkeit bedeutete. Und in großen Bögen wollte er ihre Interpretation, nicht in abgehackten Stückchen. „Tut's nicht Rübchen schaben!" und überhaupt: „Keine Knackwürschte, bitte, keine Knackwürscht'!" sondern großer Zusammenhang, Gestaltung des gesamten Kunstwerkes in nicht nachlassender Spannung.

So konnten denn fast alle Symphonien von Anton Bruckner im Großen Musikvereinssaal dem Publikum präsentiert werden. Ferdinand Grossmann hatte technisch geschult und für die Interpretation so wertvolle Hinweise geliefert, daß den Ausführenden eine neue Dimension eröffnet worden war.

Grossmann führte seine verschiedenen Ensembles auch

zusammen, leitete Chorwerke, für die er die Sängerknaben, den Wiener Männergesang-Verein und Solisten der Wiener Staatsoper auf das Podium des „Goldenen Saales" zu seinem Orchesterverein geladen hatte, und für die akademischen Musiker wurden „Matthäus-Passion", das „Deutsche Requiem" von Brahms und das Mozart-Requiem zum unverlierbaren Schatz. So mancher junge Streicher oder Bläser wechselte vom Pult des AOV in späteren Jahren zu den Wiener Symphonikern oder Philharmonikern und trug den Funken Grossmannschen Feuers in sich.

Der Herr Professor hatte auch auf diesem Gebiet bilden, aufbauen, zum Großen heranführen können. Professor war Ferdinand Grossmann nämlich in der Zwischenzeit geworden, 1925 hatte man ihm den Titel verliehen, in Anerkennung seiner pädagogischen, künstlerischen und volksbildnerischen Leistungen.

Denn Ferdinand Grossmann hatte niemals in elitären Elfenbeintürmen alleine wirken wollen; Kunst, Musik mußten für alle zugänglich, ihre Ausübung für alle erschwinglich sein, weil Kunst, weil Musik für alle so wichtig, so sehr Bereicherung der Persönlichkeit, des Lebens ist. Kunst rundet das Leben über das Gewöhnliche zum vom Schöpfer geplanten Ganzen, hatte einst Felix Salten erklärt, und Ferdinand Grossmann wollte dieser Vervollkommnung keine materiellen Schranken gesetzt wissen. Ein Musikstudium aber kostete Geld, zu viel Geld in vielen Fällen. Grossmann wußte aus eigener leidvoller Erfahrung, wie lange man darben mußte, auf wie viele Abendessen man zu verzichten hatte, bis in einer Blechbüchse die notwendigen Groschen für einen eigenen kleinen Flügel beisammen waren. Er wußte es und wollte es ändern. Helfen.

Im Jahre 1923 wurde Ferdinand Grossmann vom Korrepetitor der Wiener Singakademie Winkler gefragt, ob er nicht in den zum Teil leerstehenden Räumen des Apolloneums im Volksbildungsverein Kurse über allgemeine Musiklehre abhalten wolle. Grossmann griff die Idee sofort auf und baute sie entscheidend aus: Nicht bloß vereinzelte Vorträge, ein gesamtes Volkskonservatorium für finanziell schlechter Gestellte sollte es geben, mit niedrigen Schülerbeiträgen, die gänzlich Unbemittelten auch erlassen werden könnten, mit dennoch erstklassigem Unterricht und allen Möglichkeiten einer großen, hochstehenden Musikschule.

Eine gigantische organisatorische Aufgabe! Ferdinand Grossmann, in späteren Jahren alles andere denn ein begeisterter Organisator, ließ sich von Universitätsprofessor Kastle, dem Vorstand des Volksbildungsvereins, mit dem Entwurf eines Organisationsplanes betrauen und stellte noch im selben Jahr ohne jede öffentliche Unterstützung das „Wiener Volkskonservatorium“ auf die Beine. Seine Begeisterung und Überzeugungskraft bewegten zahlreiche Kollegen, ihr Künstlertum in den pädagogischen Dienst der Volksbildung zu stellen, auch wenn die Bezahlung äußerst gering war. Denn mit Rücksicht auf die finanzielle Situation der Studierenden wurde der Schülerbeitrag sehr niedrig angesetzt, besonders Bedürftige waren vom Schulgeld überhaupt befreit, sie wurden jedoch aufgefordert zu spenden, wenn sie durch Nebenerwerb ein bißchen Geld verdient hätten und von ihrem kargen Besitz noch etwas abzugeben imstande wären. Der Idealismus der Schüler ließ hier oft beträchtliche Summen an freiwilligen Spenden eingehen.

Im ersten Jahr meldeten sich rund 60 Schüler für das Volkskonservatorium, im zweiten waren es bereits fünfmal so viele. Man mußte in Geschäftslokalen, in Räumen öffentlicher Schulen und sogar in Privatwohnungen Filialen einrichten. Ab 1925 leitete Ferdinand Grossmann als Direktor das von ihm gegründete Volkskonservatorium, als Lehrkräfte standen ihm Künstler wie Kammersängerin Gertrude Förstler, Oratoriensängerin Emilie Rutschka, die Geiger Christa Richter, Vittorio Borri und Armin Kaufmann, der Cellist Wilhelm Winkler, die Pianistin Grete Hinterhofer, der Organist Walter Pach oder Dr. Fritz Högler für die Musikwissenschaft zur Seite. Ein Schülerorchester wurde gegründet, Sonntagvormittag gab es Probe unter Direktor Grossmann, einmal pro Jahr veranstaltete man in Weigels Dreher-Park ein großes Volksfest, an dem neben den schuleigenen schon prominentere Künstler mitwirkten. Der Erlös der Veranstaltungen kam mittellosen Schülern zugute.

Ab 1930 mußte Ferdinand Grossmann seine umfangreiche Tätigkeit am Volkskonservatorium wegen neuer auf ihn zukommende Arbeiten einschränken, aber da war die Grundlagenarbeit längst geleistet und das Unternehmen ein fixer Bestandteil von Wiens musikerzieherischer Infrastruktur. 1938 wurde das Wiener Volkskonservatorium dann in seiner damaligen Form von den neuen Machthabern, die sich für die Herren Österreichs hielten, gesperrt, Inventar und ein Teil der Lehrkräfte übersiedelten in das neugegründete Konservatorium der Stadt Wien. Aus der Privatinitiative war ein öffentliches Unternehmen geworden.

Ein solches öffentliches Unternehmen war auch die Staatsakademie für Musik seit ihrer Übernahme aus der Obhut der Gesellschaft der Musikfreunde 1909. Und auch an dieser Musikakademie war man auf den Pädagogen Ferdinand Grossmann aufmerksam geworden. 1933 erreichte ihn die Berufung als Professor für Chorerziehung und Sologesang, kurz darauf wurde ihm die Leitung der neugegründeten Schulmusik-Abteilung übertragen.

Im selben Jahr 1933 leitete Ferdinand Grossmann eine Aufführung von Bruckners f-Moll-Messe mit dem Singverein, die Unterrichtsminister Schuschnigg so sehr beeindruckte, daß er sich eine Berufung Grossmanns zum Leiter der Hofmusikkapelle erbat. So war Ferdinand Grossmann dann Pädagoge, Kirchenmusiker, Orchestererzieher, Dirigent, Leiter von Laienchören — und seit 1930 auch Chordirektor an der Wiener Staatsoper.

Man hatte ihn, wieder einmal, beim Proben beobachtet. Einstens, 1923, hatte ihn Furtwängler von der Singakademie zum Singverein geholt, nun, 1930, holte ihn Clemens Krauss vom Singverein in die Staatsoper.

Ferdinand Grossmann war 43 Jahre alt, und in Zeitungsmeldungen, Berichten, Beschreibungen war immer wieder vom „bewährten Chorfachmann“ die Rede. Er hatte ja auch schon eine beachtliche Praxis und unter schwierigsten Bedingungen mit durchaus nicht immer perfekt ausgebildeten Stimmen die größten Werke der Literatur erarbeitet. Beim Staatsopernchor freilich brauchte keine Grundlagenarbeit mehr geleistet werden, die Mitglieder waren Profis mit abgeschlossener Stimmschulung, für die Interpretation und Erweiterung des Repertoires in der Moderne im Vordergrund standen. Grossmann hatte sich allerdings eine Intensivierung des konzertanten Musizierens und vor allem des A-cappella-Gesanges im Chor ausbedungen, da er sich nicht von diesem für ihn so wichtigen musikalischen Bereich trennen und ausschließlich der Oper widmen wollte. Die 1927 erfolgte Gründung der „Konzertvereinigung Wiener Staatsopernchor" war ihm ein wichtiges Argument für die Übernahme der Position an der Wiener Staatsoper.

Gemeinsam mit seinem Assistenten Karl Pilss, mit dem er übrigens schon seit den Tagen des Chorvereins befreundet war, ging Ferdinand Grossmann nun an die Einstudierung der Chorpartien für Oper und Konzert. Die erste große Neuproduktion an der Oper galt den „Bacchantinnen" von Egon Wellesz, einem vor allem für die Chorsänger damals immens schwierigen Werk. Direktor Clemens Krauss hegte Zweifel, ob diese Chorpartie überhaupt zu bewältigen wäre. Grossmann setzte Gruppenproben an, bei denen er oft nur für vier Sängerinnen oder Sänger die komplizierte Partitur stufenweise erarbeitete. Die Aufführung wurde für den Chor zum durchschlagenden Erfolg.

Die Chorschulung im A-cappella-Gesang erwies sich als fruchtbringend. Nach einer Präsentation zeitgenössischer österreichischer Chormusik im Rahmenprogramm des Allgemeinen Deutschen Katholikentages war im „Neuen Wiener Journal" zu lesen: „Es gab Stimmklänge, wie sie schöner und abgeklärter kaum zu wünschen wären."

Ein Jahr später versetzte die Pianokultur des Staatsopernchores sogar einen ursprünglich überaus mißgelaunten Maestro Arturo Toscanini in helle Begeisterung. Toscanini hatte sich bereit erklärt, zum Gedenken an den ermordeten Bundeskanzler Dollfuß das Verdi-Requiem zu dirigieren, wollte allerdings die Proben nicht in der Staatsoper abhalten, da es mit dem Haus Differenzen gegeben hatte. Über dieses mit äußerster Spannung und einiger Bangigkeit erwartete erste Zusammentreffen des Chores mit dem gefeierten italienischen Star schreibt die Chronik:

„Wird der Mann, um den die Welt bereits Legenden wob, zufrieden sein? Oder wird er den Blitzstrahl eines vernichtenden Urteils über jene schleudern, die bisnun gewohnt waren, von allen Seiten mit größtem Lob umschmeichelt zu werden? Die erste Chorprobe fand im Musikverein statt. Der Opernchor war bereits vollständig auf dem Podium versammelt und erhob sich schweigend zum Gruße, als der greise Maestro den Saal betrat und im Parkett Platz nahm. Er gab Professor Grossmann, der die Probe leitete, das Zeichen zum Beginn. Hauchzart setzte das Requiem ein und wurde im A-cappella-Satz des ‚Te decet hymnus' von einem mächtigen Forte abgelöst; plötzlich litt es den Maestro nicht mehr im Parkett, er stürmte auf's Podium, nahm, ohne ein Wort zu sagen, dem verblüfften Professor Grossmann den Dirigentenstab aus der Hand und führte mit kaum einer Unterbrechung die Probe selbst zu Ende. In den Wiener Zeitungen stand damals zu lesen: ‚Nach den Proben erklärte der Maestro im Kreise seiner Freunde, daß er noch selten ein so wunderbares Piano gehört hätte, und rühmte den Opernchor in begeisterten Ausdrücken'."

Die Verbindung mit der Konzertvereinigung Wiener Staatsopernchor gab Ferdinand Grossmann auch wiederholt Gelegenheit, als Konzertdirigent aufs Podium zu treten. Neben einer Reihe seiner geliebten A-cappella-Konzerte leitete Grossmann auch Aufführungen etwa der „Matthäus-Passion" oder der Hohen Messe von Johann Sebastian Bach — die instrumentalen Klänge lieferten jeweils die Wiener Philharmoniker —, oder, eine Spezialität damaliger Zeiten, im Wechsel mit Clemens Krauss oder Felix von Weingartner Chorkonzerte mit gemischten Programmen.

Im Vordergrund stand jedoch das Einstudieren, Aufbauen — wie so typisch für den Baumeister Grossmann. Daß der Wiener Staatsopernchor Ferdinand Grossmann sehr viel zu verdanken hatte, war auch den Vertretern der Wiener Presse klar geworden. Nach einem Abend mit „Quattro pezzi sacri" von Verdi, „Mirjams Siegesgesang" von Schubert und dem Brucknerschen „Te Deum" unter der Leitung Weingartners schrieb die Wiener „Reichspost":

„Eine Wiedergabe, wie man sie vollendeter kaum mehr wünschen konnte. Jetzt, da diese Körperschaft — Konzertvereinigung Wiener Staatsopernchor, Anm. — einen derartigen Rang der Vollkommenheit erreicht hat, der sie in die vorderste Reihe von Weltrang rückt, muß man des Chordirektors Ferdinand Grossmann gedenken, welchem in erster Linie dieses hohe Niveau zu danken ist."

(14. April 1935)

1941 wurde der so fruchtbaren Zusammenarbeit ein Ende gesetzt. Das Dritte Reich, dem zum Glück bei weitem keine 1000 Jahre beschieden sein sollten, hatte den verdienten Staatsoperndirektor Erwin Kerber abgesetzt und nun den genehmen Heinrich Karl Strohm an seine Stelle gezwungen. Grossmann war entsetzt und legte schon nach den ersten Gesprächen sein Amt als Chordirektor zurück, da er unter diesen unangenehm politisch geprägten Auspizien keine künstlerischen Entfaltungsmöglichkeiten mehr sah. Heinz Karl Strohm war dann keine sehr lange Wirkungszeit an der Staatsoper gegönnt, kaum ein halbes Jahr nach Amtsantritt wurde er in eine Irrenanstalt eingeliefert. Ferdinand Grossmann kehrte dennoch nicht mehr in die Staatsoper zurück, das Kapitel war abgeschlossen. Ferdinand Grossmann hatte zu den Kindern zurückgefunden. Seit 1939 leitete er die Wiener Sängerknaben.

Kinder sind keine Profis, doch oft genug arbeiten sie professionell. Zumindest sind wir dies heute bei den Wiener Sängerknaben gewohnt. Es gab allerdings auch problematischere Zeiten. Als Clemens Krauss noch Operndirektor und gemeinsam mit Ferdinand Grossmann, Josef Lechthaler und Rektor Josef Schnitt im Direktorium der Hofmusikkapelle war, konstatierte er oft beklagenswerte Mängel in den Leistungen der Knaben bei Aufführungen in der Hofkapelle: Fortwährend hätte er mit wechselnden Mitwirkenden zu tun, es gäbe keine qualitative Kontinuität und zudem viel zu wenige Proben. Das war 1933. In diesem Jahr wurde Ferdinand Grossmann zum Leiter der Hofmusikkapelle bestimmt, er galt damals, so verzeichnet es die Chronik, „als musikalischer Feuerkopf, dem eine Belebung der Hofkapelle wie keinem anderen zugetraut wurde", zudem als entschiedener Verfechter der Tradition des klassischen Knabengesanges in der Burgkapelle. Die schwankende Qualität des Knabenchores wurde ihm sofort schmerzlich bewußt.

Nun gab es 1933 noch gar keinen Vertrag, der die Mitwirkung der Wiener Sängerknaben an den Aufführungen in der Hofmusikkapelle sicherte, die ursprünglich freiwillige Zusammenarbeit sollte erst zwei Jahre später, 1935, mit Brief und Siegel fixiert werden. Grossmann überlegte also eine Zeitlang die Gründung eines eigenen Knabenchores für die Hofkapelle, damit kontinuierliche Arbeit ohne Ablenkung gewährleistet wäre. Aber schließlich konnte man sich doch einigen. Und ab 1939 hatte Ferdinand Grossmann ja die künstlerische Oberleitung über beide Vereinigungen, Wiener Sängerknaben und Wiener Hofmusikkapelle.

Die Hofmusikkapelle, gegründet 1498 über Erlaß von Kaiser Maximilian I., ist eine der am tiefsten in der Vergangenheit wurzelnden musikalischen Institutionen Wiens. Sie trägt auch heute noch den „Hof" im Namen, und bei jeder Aufführung in der Burgkapelle wird deutlich, daß dies auch in demokratischen Zeiten Tradition und nicht bloß eine Ortsangabe ist. Als Ferdinand Grossmann die Hofmusikkapelle übernahm, war sie 435 geschichtsträchtige Jahre alt, hatte unter Leitern wie Ludwig Senfl, Antonio Salieri, Johann Herbeck, Joseph Hellmesberger oder Hans Richter die Musikgeschichte Wiens entscheidend mitgeprägt, ursprünglich durch große Opern- und Festaufführungen bei Hofe, später zunehmend und gegen Ende des 19. und zu Anfang des 20. Jahrhunderts fast ausschließlich in der Gestaltung der sakralen Musik in der Burgkapelle. Es spielten Mitglieder des Wiener Staatsopern-(früher Hofopern-)orchesters, es sangen Herren des Opernchores, männliche Solisten der Wiener Oper und — als Sopran- und Altstimmen, auch solistisch, wie seit dem Erlaß des Kaisers Maximilian — Hof- bzw. Wiener Sängerknaben. Mulier taceat in ecclesia. Nur ein paarmal nach dem Ersten Weltkrieg war es Damen des Staatsopernchores gestattet gewesen, sonntags ihre Stimmen in der Hofburgkapelle erschallen zu lassen.

Nach dem Krieg, das war nämlich die bis damals schwerste Zeit der Sängerknaben und der Musikkapelle des ehemaligen Kaiserhofes. „Hof" eben gab es keinen mehr, der diese Institutionen erhalten hätte, und der neugegründete Staat des übriggebliebenen winzigen Österreich hatte kaum Geld für den allernötigsten Wiederaufbau.

Daß Ferdinand Grossmann 1933 trotzdem die Hofmusikkapelle und 1939 die Wiener Sängerknaben als künstlerischer Leiter übernehmen konnte, ist dem opferbereiten Kunstsinn der Wiener Bevölkerung, dem letzten Hofkapellmeister der Kaiserzeit und ehemaligen Hofsängerknaben Karl Lutze (Carl Luze) und vor allem Rektor Josef Schnitt zu verdanken.

Josef Schnitt, geboren 1885, zum Priester geweiht 1909, geistlicher Rektor der Hofburgkapelle, war einfach nicht bereit gewesen zu akzeptieren, daß es keine Sängerknaben mehr geben sollte. Er setzte alles daran, die Institution wieder aufzubauen, alles, auch sein Privatvermögen. Denn: „Mehr als höfliches Interesse fand ich nirgends", erinnerte er sich später an seine zahllosen Bemühungen um finanzielle Unterstützung. Also verkaufte er private Besitzungen und gab einfach nicht auf.

Am 24. Mai 1924 konnte er die erste Aufnahmsprüfung für seine Wiener Sängerknaben ansetzen. Daß gleich eine Reihe besonders begabter Buben gefunden wurde, sah er als den für solche Unternehmungen immer notwendigen Glücksfall und nicht zuletzt als göttliche Fügung. Ab Herbst 1924 jubilierten die Knabenstimmen „Te Deum laudamus".

In der Hofmusikkapelle wurde unter den Staatsoperndirektoren Schalk und Krauss musiziert. Ums Geld allerdings mußte man sich auch kümmern. Und so wurde das Repertoire ins Weltliche erweitert, dem großen Erfolg einer vorerst nur privaten Aufführung von „Bastien und Bastienne" im Jahre 1925 folgten zahlreiche Konzerte und Singspielproduktionen zuerst nur im Inland, ab 1926 auch im europäischen Ausland und seit der ersten Amerikareise 1931 in der ganzen Welt. Anfangs hatte es immer wieder Schwierigkeiten gegeben, aus denen die bereits erwähnten, von Clemens Krauss registrierten Qualitätsschwankungen im Knabenchor resultierten. Man hatte auch noch keine eigene Schule, die Buben, hin und her gerissen zwischen dem so notwendigen Lernen für ihre berufliche Zukunft in der öffentlichen Schule der Piaristen und der Ausbildung im Rahmen ihrer künstlerischen Gegenwart, konnten nicht immer optimal vorbereitet in die Burgkapelle kommen. Aber die Sängerknaben wuchsen an ihrer Aufgabe, immer besser gelang es, die mannigfaltigen Verpflichtungen zu koordinieren.

So stand das Lebenswerk des Rektors Josef Schnitt zumindest künstlerisch auf solidem Fundament, wenn auch die Finanzen immer wieder große Sorgen bereiteten. Doch Künstlertum, noch dazu klerikal „infiziertes", war irgendwann auf einmal nicht mehr wichtig. Wozu Lob Gottes, wo es doch einen Führer gab? Kaum waren die Nationalsozialisten in Österreich einmarschiert, vertrieben sie die Sängerknaben aus der Hofburg und enthoben Rektor Schnitt mit sofortiger Wirkung seines Amtes. Daß sich aber selbst Machthaber, wie es diese neuen waren, ein Zugrunderichten der traditionsreichen Institutionen Hofmusikkapelle und Wiener Sängerknaben nicht leisten könnten, davon ließen sie sich überzeugen. Durch Ferdinand Grossmann.

Ferdinand Grossmann war die Kunst wichtig geblieben, auch in diesen furchtbaren Zeiten der Unterdrückung, der Gewalt, der Rechtlosigkeit vieler seiner Freunde und Bekannten. Und er hatte viele Freunde, die aufgrund wahnwitziger Rassengesetze den neuen Gauoberherren keineswegs genehm waren. So wurde Grossmann 1938 von der Staatsakademie entlassen, ein Jahr später allerdings wieder eingestellt. Seinen jüdischen Freunden war Grossmann treu geblieben, hatte geholfen, wo immer es ihm möglich gewesen war. Die, die nun an den entscheidenden Stellen saßen, zogen ihn dennoch zu künstlerischen Aufgaben heran. Er war auch in Wien geblieben, obwohl eine Auswanderung nach Neuseeland eine Zeitlang zur Debatte gestanden war.

In jüdischen Kreisen hatte Ferdinand Grossmann nämlich mehr als Freundschaft gefunden. Im vornehmen Hause der Agathe Mark-Kornfeld, einer hochgebildeten, musisch vielseitig begabten Frau, einer Schülerin von Oskar Kokoschka und Josef Hoffmann, Gesangsschülerin von Gertrude Förstl, war ihm, dem in der Enge aufgewachsenen Volksschullehrer aus Oberösterreich, die Welt der Künste offenbar geworden. Er hatte Literatur kennengelernt, seine Liebe zur Welt etwa eines Christian Morgenstern entdeckt, sein Leben war größer, weiter, in jedem Fall anders geworden.

Dies hatte sich auch in einem Aufleben seiner kompositorischen Tätigkeit niedergeschlagen, gerade durch Morgenstern war er zu zahlreichen Liedern inspiriert worden, in seinem überströmenden neuen Lebensgefühl hatte er das starke Bedürfnis nach musikalischem Ausdruck verspürt.

1930 kam in das Haus der so entscheidenden Agathe Mark ein junges Mädchen. Sie fand den Herrn Grossmann, dem sie in der Villa Mark in Pötzleinsdorf häufig begegnete, vorerst nicht sonderlich beeindruckend. Sie war auch erst 16. Und sie hieß Maria.

Wieder eine Maria. Und wieder das Schicksal für Ferdinand Grossmann. Denn die Einstellung des Mädchens zu ihm wandelte sich. Als die allgemeine Verblendung im Großdeutschen Reich Andersdenkenden keine Entfaltungsmöglichkeiten mehr bieten wollte, erwogen Agathe Mark-Kornfeld, Maria Durant-Mandl und Ferdinand Grossmann nach Neuseeland auszuwandern. Die englische Staatsbürgerschaft von Maria Durant hätte vieles erleichtert.

Aber Ferdinand Grossmann war verheiratet, hatte seit der Geburt der jüngsten Tochter Elfriede im Jahre 1929 sechs Kinder, und seine Familie in diesen fürchterlichen Zeiten so vollkommen im Stich zu lassen, war ihm unmöglich. Hatten sie unter seinem neuen Leben, seinen so sehr gewandelten Interessen ohnedies schon schwer genug zu leiden. Ferdinand Grossmann blieb in Wien. Und arbeitete weiter, für seine Musik, seine Sängerknaben, seine Hofmusikkapelle, auch unter den fremden Machthabern.

Mit Musica sacra hatten die kriegshetzerischen Herren freilich wenig im Sinn. Den Sängerknaben sollte die Mitwirkung an Gottesdiensten verboten werden. Doch Ferdinand Grossmann wollte diese ihm so wichtige kirchenmusikalische Tradition keineswegs abgewürgt wissen. Zum Beweis für die künstlerische Qualität seiner Organisationen veranstaltete Grossmann mit der Hofmusikkapelle und den Wiener Sängerknaben eine Aufführung des „Deutschen Requiems" von Johannes Brahms für geladene Gäste.

Die zuständigen Herren waren tatsächlich zu überzeugen. Die Hofmusikkapelle konnte ihre Pforten bis 1945 offen halten, Kirchenmusik wurde ohne Konzessionen weitergepflegt. Auch der Bestand der Sängerknaben blieb gesichert. Ferdinand Grossmann weigerte sich so weit wie möglich, eine geforderte militante Erziehung der Buben Platz greifen zu lassen. Daß sie teilweise doch in HJ-Uniformen auftreten mußten, konnte er nicht verhindern.

Während Grossmann für seine Sängerknaben künstlerische und organisatorische Kämpfe in Wien ausfocht, waren seine beiden Söhne in den fürchterlichen Krieg gezogen. Und fielen beide, Reinhold am 6. Juli 1941 in Rußland, Walfried ein halbes Jahr später, im Februar 1942, an der Eismeerfront. Nach dem Tode Reinholds hatte Grossmann noch mit allen Mitteln versucht, seinen Jüngeren von der Front zurückzuholen, doch was vermochte ein einzelner gegen diese aus jeder Kontrolle geratene Kriegsmaschinerie! Auch einen Schwiegersohn mußte er der Gewaltpolitik noch opfern. Seine Frau, der so vieles schon genommen worden war, vermochte sich nur durch ihre Religiosität, ihren unerschütterlichen Glauben aufrecht zu erhalten. Ferdinand Grossmann litt schwer. Zu verwinden ist solcher Kummer wohl niemals. So stürzte er sich wieder in die Arbeit.

Gegen Ende des Krieges mußte sich Grossmann einer Blinddarmoperation unterziehen. Die Befreier, die auch Besatzer werden würden, rückten unaufhaltsam vor, es blieb kaum Zeit für Rekonvaleszenz. Unter abenteuerlichen Schwierigkeiten evakuierte Grossmann seine Sängerknaben nach Hinterbichl (während der Kriegsjahre zu Kärnten gehörig, heute Osttirol), in dem die Buben sonst alljährlich die Sommerferien verbracht hatten. Als in Wien die Bomben fielen, sangen die Sängerknaben in Westösterreich noch Konzerte. Und die englische Besatzungsmacht unterstützte Ferdinand Grossmann sehr, bemühte sich sogar, für die besorgten Eltern die unendlich schwierige Postverbindung mit den Buben herzustellen.

Doch irgendwann begann man Zweifel zu hegen, lag bei Ferdinand Grossmann eine nationalsozialistische „mindere Belastung" vor? Die Amerikaner verlangten, daß Grossmann die Leitung eines Konzertes der Sängerknaben in Salzburg seinem Schüler Hans Gillesberger überlassen sollte. Grossmann wollte keinerlei Schwierigkeiten machen, doch Gillesberger wies das Ansinnen zurück, er dachte nicht daran, seinem verehrten Lehrer in diesen schweren Zeiten in den Rücken zu fallen. In Salzburg siegte die Solidarität. In Wien hatte inzwischen Rektor Josef Schnitt mit dem Wiederaufbau seiner Institution der Wiener Sängerknaben begonnen.

An den Alleebäumen der Wiener Ringstraße wurden Anschläge angebracht, auf denen Buben mit schöner Stimme zum Eintritt bei den Sängerknaben aufgefordert wurden. Auch Buben, die gerade erst aus Osttirol zurückgekommen waren, meldeten sich. 14 Tage nach jenem 8. Mai 1945, der Wien die letzten Kampfhandlungen beschert hatte, fanden an den Pfingstfesttagen die ersten Kirchenkonzerte der Sängerknaben in der Burgkapelle statt. Josef Krips war künstlerischer Leiter der Hofmusikkapelle, Josef Schnitt leitete wieder die Wiener Sängerknaben.

Ferdinand Grossmann kehrte in das zerbombte Wien an eine Staatsakademie für Musik mit zerbrochenen Fensterscheiben und Bergen von Schutt zurück. Es gab kaum etwas zu essen, kein Heizmaterial, keine Schulbänke. Aber es gab einen unbändigen Willen weiterzumachen. Und eine unglaubliche Begeisterung für die Musik.

Auch in den Kriegstagen waren die Musikstudenten Wiens nicht ohne Unterricht geblieben. Zwar hatten sie oft Stunden zu Fuß durch die Stadt gehen müssen, um in die Reisnerstraße zu gelangen, wo in den Räumen der ehemaligen russischen Botschaft die „Reichshochschule für Musik" untergebracht worden war. Während der Bombenangriffe waren sie in den Keller unterhalb der russischen Kirche geflüchtet, danach hatten sie mit Decken die von den Brandbomben ausgelösten Feuer gelöscht und wieder, immer wieder, von vorne angefangen. Nicht bloß einmal war aus Schutthaufen das mühsam kopierte Notenmaterial wieder auszubuddeln gewesen. Fenster hatten wegen der

Luftdruckwellen offen zu bleiben, aber kalt war es mangels Heizmaterials ohnedies gewesen.

Unterricht in unförmigen, aus Decken selbst zusammengeschneiderten Mänteln blieb auch nun, im Frieden, vorerst an der Tagesordnung. Man hatte ja nichts. Nur Willen. Und Wünsche. Auch den zu lernen, zu lernen, wie man singt, wie man atmet, phrasiert, interpretiert, wie man in der Musik Glück empfindet und vermittelt.

Im Dezember 1945 veranstalteten Studierende der Abteilung für Kirchen- und Schulmusik in ihren Räumen in der Singerstraße eine kleine Weihnachtsfeier. Mit ein paar Lichtern, einem armseligen Bäumchen, zu naschen gab es freilich nichts, auch keine großartigen Geschenke, aber fünf Mädchen wollten gemeinsam singen. Und daraus wurde der Wiener Akademie-Kammerchor.

Prof. Josef Lechthaler, der Leiter der Abteilung für Kirchen- und Schulmusik, hatte Ferdinand Grossmann vorgeschlagen, aus Studierenden seiner Abteilung einen Chor zu bilden. Grossmann griff die Anregung mit Begeisterung auf. Sofort machte er sich auf die Suche nach geeigneten Sängern, klapperte alle Klassen ab und hörte stundenlang zu. Obwohl er immer sehr bald wußte, wer in „seinen Chor“ passen würde. Der Grad der Ausbildung der Stimme und deren Größe waren nicht entscheidend, Ferdinand Grossmann suchte Musikalität im umfassenden Sinn des Wortes. Darum wurde schon 1946 die Werbung um Kammerchor-Mitglieder auf sämtliche Abteilungen der Musikakademie ausgeweitet, aber auch Instrumentalisten, auch Kapellmeister etc. waren mehr als willkommen. Rektor Dr. Hans Sittner hatte diese Erweiterung angeregt und damit das organisatorische Fundament für den Wiener *Akademie*-Kammerchor gelegt.

Um Mitglieder „werben“ mußte man allerdings nicht lange. Denn bald galt es als ganz besondere Auszeichnung, in diesem Ensemble, das binnen kürzester Zeit zu geradezu phänomenalem Ruhm aufgestiegen war, singen zu „dürfen“.

Es wurden 24 junge Leute aufgenommen, 12 Mädchen, 12 Burschen. Ferdinand Grossmann war so sehr in seinem Element, wie sonst vielleicht nur als künstlerischer Erzieher der Wiener Sängerknaben. Er hatte junge Leute um sich, deren Künstlertum unverbraucht und begierig nach Formung war, Begeisterte, die freiwillig um 6 oder ½7 Uhr — morgens, wohlgemerkt! — zu ihm zur Stimmbildung kamen und dann ab ½8 Uhr in fensterlosen, kalten Räumen mit Feuereifer probten. Sie waren allein schon durch ihren Enthusiasmus zusammengeschweißt und wurden es noch mehr durch die Ausbildung bei diesem einen Lehrer Grossmann, der Atem, Klangfarbe, Stimmtechnik und Interpretation bis auf die kleinste Schwebung ausgleichen konnte. Sie lernten zu hören, auf sich selbst und auf jeden einzelnen anderen, auf den Zusammenklang. „Wer nicht hört, ist zu laut", war Ferdinand Grossmanns Devise. Die Pianissimi des Akademie-Kammerchores galten bald als überirdisch, und die Spannung vor jedem Einsatz konnte das Publikum mit den Händen greifen.

Nie hat Ferdinand Grossmann einen Anfangston selbst angegeben, er ließ ihn von einem im Chor anpfeifen, dann suchte jeder der 24 selbst seine Einstimmung, und sie trafen sie alle, immer wieder. Es war eine unendliche Konzentration und eine unendliche Freude.

Da alle, die einst im Akademie-Kammerchor mitgesungen haben, sich noch nach den inzwischen vergangenen 40 Jahren dazu bekennen, kann man sie auch fragen. Die Antworten sind so übereinstimmend, wie es damals der Zusammenklang gewesen: nichts als Begeisterung, bei allen. Dieser Aufbruch in ihrer wichtigsten Zeit hat sie fürs ganze Leben geprägt. Zuerst durften sie singen lernen, dann bei Konzerten in Wien eine sensationelle Publikumsbegeisterung und zwei Tage später geradezu unwahrscheinlich einheitliche Kritikerhymnen entgegennehmen und schließlich die ganze Welt erobern, die alte und die neue, beide im Sturm.

Ferdinand Grossmann war die Seele dieses auch in Wiens ereignisreicher Musikgeschichte einmaligen Unternehmens. Wieder einmal konnte er, der Baumeister, Grundstein legen, aufbauen, formen, zu Höhen führen. Die Tatsache, daß alle Mitglieder des Wiener Akademie-Kammerchores von ihm stimmtechnisch geschult und in einem gemeinsamen Prinzip geprägt wurden, war wohl eines der Geheimnisse des Erfolges.

Im Zentrum stand das Atmen, die Lockerheit von Zwerchfell und Schultern, das Ablegen jeder Verspannung im Körper, damit der Atem frei strömen konnte. Singen war eine vollkommen natürliche Art des menschlichen Ausdrucks, kein Krampf, kein Zwang. Grossmann erklärte ihnen, sie müßten atmen, wie sie an einer Rose schnupperten, den Atem bis zum „Seufzerpunkt" fallen lassen, so die Stütze finden, dann würde die Kehle weit und frei. Und staunen sollten sie, mit Mund, Augen, dem ganzen Ausdrucksbereich des Körpers, und so die Plazierung ihrer Töne und vom tragenden Piano zum Forte finden. Langsam, ganz langsam ließ er sie ihre Stimmen entwickeln, jeder Ton mußte gut und richtig sitzen, erst dann ließ er sie weiterbauen an dem, was er als das kostbarste aller Instrumente schätzte, an der menschlichen Stimme. Dieses Instrument aber war nicht nur im Hals, nicht nur auf dem Zwerchfell, nicht nur in der Resonanz des Kopfes oder der Brust. Das Instrument war der ganze Körper. Und auch die Seele, vor allem auch die Seele. Sie mußte mitschwingen, mitsingen, nur so konnte voller Ausdruck der Persönlichkeit erzielt werden. So war Kunst nicht etwas Artifizielles, Künstliches, so war Kunst wahrhaft Leben.

Grossmann baute die Stimmen seiner Schüler langsam auf — „Der schnelle Weg ist der langsame", pflegte er Ungeduldigen zu erklären. Mit Engelsgeduld konnte er sich, wieder und wieder, einem stimmtechnischen Problem widmen und es letztlich ausmerzen. Für jeden einzelnen seiner Schüler hatte er Spezialübungen, er erfand sie meist spontan, ganz den momentanen Gegebenheiten entprechend. Seine Lehrmethode war, abgesehen von den Grundprinzipien, vor allem durch ihre absolute individuelle Bedingtheit gekennzeichnet. Sie ergab sich aus den augenblicklichen Notwendigkeiten. Wie so vielen anderen erklärte Grossmann auch seinem Schüler Nikolaus Fheodoroff, der ihn gebeten hatte, seine erfolgreiche Pädagogik endlich einmal aufzuschreiben und für die Nachwelt zu bewahren: „Schau, was soll ich denn da aufschreiben? Zu mir kommt jemand herein, singt ein paar Töne, und ich weiß, was ihm fehlt. Dann geb' ich ihm ein paar Übungen. Aber das ist doch bei jeder Stimme etwas anderes!"

Die große, durchschlagskräftige Solostimme war nicht Grossmanns Ziel, obwohl er Besitzer solcher Prachtorgane niemals beengte, wie etwa Walter Berry, zuerst Solist im Wiener Akademie-Kammerchor und bald auf den Opernbühnen der ganzen Welt, stets betonte. Kaputt gemacht, und darin waren alle einig, kaputt gemacht hat Ferdinand Grossmann keine einzige Stimme. Das hätte dieser Konzeption des freien, lockeren, glücklichen Singens auch nicht entsprochen.

Wohl aber hat Grossmann junge Leute, bei denen andere kaum den Ansatz eines Stimmchens entdecken konnten, zum blühenden Singen gebracht. Weil er sie öffnen, freimachen konnte. Weil er nicht nur die Kehle, nicht nur die Stimmbänder, sondern den ganzen Menschen in seine Pädagogik einbezogen sah. Und sicher aber auch, weil er die angeblich „hoffnungslosen Fälle" als besondere Herausforderung empfand. Freilich mußten sie ihm richtig zuhören, imstande sein, ihn richtig zu verstehen, das von ihm anzunehmen, was er wirklich vermitteln wollte. Daß ihn, den Former der Stimmen, den Lehrer, der so sehr immer den ganzen Menschen bei seinen „Geschöpfen" sah, auch die Faszination des Pygmalion zu überwältigen vermochte, blieb kein Geheimnis. Liebe war immer um ihn. Und in ihm. Sie war sein großes Geheimnis. „Wenn man Grossmann sagt, kann man genausogut ‚Liebe' sagen", erklärte man. Es war nicht nur die Liebe eines Vaters. Aber Liebe einzugrenzen, vermag nur der, der niemals wirklich geliebt hat.

Am 5. Juni 1946 trat der Wiener Akademie-Kammerchor erstmals im Rahmen eines Hochschulkonzertes im Brahms-Saal des Musikvereins vor ein Publikum. Acht Monate später, am 5. März 1947, fand das erste „eigene" A-cappella-Konzert statt. Die Kritik wurde sofort aufmerksam: „Da wächst etwas heran, das Zukunft hat!" 1948 ging es bereits über Grenzen, die damals Demarkationslinien hießen und Österreich zerstückelt hatten. So mußte man sich im Zuge einer Fahrt nach Linz auf der Ennsbrücke von den Russen Entlausungsmittel in den Nacken sprühen lassen,

4 Stunden am Grenzpunkt herumstehen, um endlich, nach neun Stunden, in der fernen Metropole Oberösterreichs anzulangen. Doch das Publikum bei den Linzer Ursulinerinnen jubelte vor Begeisterung, und für die Kammerchor-Mitglieder gab es endlich ein Essen ohne Marken. Das „Os justi" am Sarkophag Anton Bruckners in St. Florian wurde dann für alle zum unvergeßlichen Erlebnis. In diesem Österreich wieder leben, so musizieren zu können: Sie waren einfach glücklich. Der Aufbauwille wuchs nur an den Schwierigkeiten der Nachkriegszeit. Und so wurden sie auch Botschafter dieses neuen Österreich.

Am 11. Juni 1948 stiegen die Mitglieder des Wiener Akademie-Kammerchores mit ihrem Leiter Ferdinand Grossmann am Westbahnhof in den Zug, um über Zürich, Basel, Straßburg, Lille, Calais, Dover und London in einen Ort mit dem unaussprechlichen walisischen Namen Llangollen (ll= weiches ch!) zu reisen. In Wien waren viele Widerstände zu überwinden gewesen — vor allem beim Auftreiben der ohnedies kärglichen finanziellen Mittel —, aber nun waren sie hier, um am „Llangollen International Musical Eisteddfod" teilzunehmen, einem internationalen Wettbewerb für Chorgesang, der 1947 erstmals für Amateurchorvereinigungen aus ganz Europa veranstaltet worden war. Die Fahrt von London in das idyllische Dorf in Nordwales nützte Ferdinand Grossmann, um mit seinem Chor die walisische Hymne, die man sich vom Eisenbahnschaffner mühsam hatte buchstabieren lassen, einzustudieren. Der Erfolg der vierstimmigen Hymne am Bahnhof von Llangollen war schlicht umwerfend, ob Waliser je kühl sein könnten wie ihre englischen Nachbarn, die Kammerchor-Mitglieder vermochten's nicht zu sagen! Sie wurden stürmisch gefeiert, ob sie nun Bruckner, Schubert oder den „Kaiserwalzer" von Johann Strauß gesungen hatten. Und daß sie in ihren Dirndln und Lederhosen auch zünftige Jodler zu bieten bereit waren, versetzte das Publikum in helle Begeisterung. „They brought a smile from Vienna", schrieb eine Zeitung, aber sie brachten nicht nur ein Lächeln, sie brachten vor allem auch die von Ferdinand Grossmann geschulte Sangeskunst, und so „räumten sie kräftig ab":

Ursprünglich hatte man sich ja nur für die Kategorie „Gemischter Chor" angemeldet, doch nach der Ankunft in Wales wurde Ferdinand Grossmann gefragt, ob seine Leute nicht auch Volkslieder singen könnten? Und ob vielleicht auch ein paar Solisten im Kammerchor wären, nicht bloß Gesangs-, auch Instrumentalsolisten?

Volkslieder hatten sie selbstverständlich im Repertoire, sie waren zwar nicht „wettbewerbsmäßig" geprobt, aber Grossmann holte eben blitzartig alles nach. Spontaneität, Reaktionsschnelligkeit, Improvisation, das waren ja immer schon seine Stärken gewesen. Einige seiner Stärken. Beim Solistenwettbewerb mußte englisch gesungen werden, Noten gab's natürlich keine in Llangollen, also bestellte Chorchef Grossmann telegraphisch aus London das nötige Material. Ankunftszeit: wenige Stunden vor Wettbewerbsbeginn. Somit galt zu beweisen, daß man auch in Minimalzeit Preiswürdiges studieren könnte. Und Instrumentalsolisten waren sie ohnedies alle im Akademie-Kammerchor, jedes der 12 Mädchen, jeder der 12 Burschen beherrschte ein Instrument.

Letztendlich heimste der Wiener Akademie-Kammerchor 6 Preise ein, unter anderem in der Kategorie „Tenorsolo" Kurt Equiluz — trotz praktisch nicht gebotener Probenmöglichkeit. Beim festlichen Schlußkonzert brauste den Wienern nach der Darbietung von Motetten und Strauß-Walzern ein Beifallsorkan entgegen, das Publikum stürmte das Podium, man fiel einander um den Hals, faßte die Hände des Nachbarn, und am Schluß sangen alle gemeinsam, die Angehörigen aller Nationen, in einem unglaublichen Gefühl der Zusammengehörigkeit. Es sind dies die wunderbaren Momente, in denen keine Grenzen, keine Fremdheit existieren. Daß es irgendwo so etwas wie Haß zwischen den Völkern geben könnte, man vermag es nicht zu begreifen. Wenn man dann noch gemeinsam musizieren kann, leuchtet ein Schimmer dessen, was heile Welt sein könnte, in den Herzen auf.

Ferdinand Grossmann las seinem Akademie-Kammerchor daheim in Wien dann einen Brief vor, den ihm Musikdirektor Gwynn-Williams aus Llangollen geschrieben hatte:

„Wir alle fühlen, daß Ihr Chor einer der musikalisch vollendetsten ist, die wir je das Vergnügen hatten, bei unserem internationalen Eisteddfot willkommen zu heißen."

Also kamen sie im nächsten Sommer, 1949, wieder, trafen viele Freunde. Das Festival allerdings hatte sich kräftig entwickelt, täglich wohnten an die 20.000 Besucher den Veranstaltungen bei; 88 Chöre aus 18 Nationen, diesmal auch aus Übersee, waren vertreten. Gegen die Damen und Herren des Wiener Akademie-Kammerchores unter Ferdinand Grossmann tat sich der Rest der Welt diesmal noch schwerer, insgesamt 12 Preise konnten nach Wien heimgebracht werden, preisgekrönter Solist war diesmal Walter Berry. Beim Schlußkonzert konnten sie dann erkennen, daß sie die eindeutigen Lieblinge des Publikums geworden waren, obwohl sie ein exklusives, mit viel Moderne gespicktes Programm, das an die Zuhörer höchste Anforderungen stellte, geboten hatten. Das Publikum rührte sich nicht von den Sitzen, der Wiener Akademie-Kammerchor mußte immer weiter singen, Zugabe um Zugabe. Der verzweifelte Bahnhofsvorstand von Llangollen platzte immer wieder in voller Montur in das Festzelt und erklärte: „Ladies und gentlemen, the last train leaves in 20 minutes", „in ten minutes", „in five minutes". Und schließlich: „Ladies and gentlemen, I'm afraid, the last train has just gone."

Die British Broadcasting Corporation hielt die Darbietungen der internationalen Chormusiker auf Band fest. Für Ferdinand Grossmann und seine jungen Musiker aus Wien war der Umgang mit der musikerhaltenden Technik aufregend, aber keine Neuigkeit. Hatte man doch auf der Reise nach Llangollen bei einem Zwischenstop in der französischen Abbaye de Royaumont bei Paris die erste Schallplatte aufgenommen. Es sollten noch zahlreiche Plattenproduktionen folgen. Der technische Aufwand war Ende der 40er, Anfang der 50er Jahre freilich ein ganz anderer, als ihn das Hi-Fi-Publikum heute gewohnt ist. Und auch der Musizierstil hat sich in den 40 Jahren seither gewandelt. Die Platten des Akademie-Kammerchores sind somit auch musikhistorische Dokumente, geben Aufschluß über interpretatorische Feinheiten, über die Entwicklung des Chorgesanges, über Stilwandel und Gepflogenheiten der Aufnahmetechnik in früheren Zeiten. Schon damals aber mußten die jungen Sänger feststellen, daß den sogenannten Dirigentenstars, die den qualitativ hochstehenden Akademie-Kammerchor gerne ins Studio holten, jeder Wunsch von den Augen abgelesen wurde, während Ferdinand Grossmann nicht einmal durchsetzen konnte, daß ein verpatzter Soloeinsatz wiederholt würde. Bei einer solchen Billigproduktion war dann im ganzen großen Aufnahmesaal ein einziges Mikrophon für die Sänger aufgestellt, für Chor und Solisten! Das mag wohl sehr geschmerzt haben, vom künstlerischen Standpunkt vor allem.

Ein „Starkünstler", bei dem der Star vielleicht noch vor dem Künstler kommt, ist Ferdinand Grossmann nie gewesen, trotz aller hymnischen Kritiken, trotz der Publikumsbegeisterung bei seinen Konzerten, trotz der allgemeinen Anerkennung, die seiner Stimmbildung und Chorerziehung ohne Abstriche gezollt wurde. Grossmann war Show nach außen nie zu eigen, der Ruhm, der losgelöst vom eigentlichen künstlerischen Tun existiert, hat ihn nicht interessiert. Er wollte den Impuls geben, daß Kunst in sich wirkt, so wie er wollte, daß „es" singt in seinen Schülern. Dieser Wirkungsbereich „im Inneren" bedeutet keine Beschränkung, faßt im Gegenteil Schichten des Universums in sich, die vielen gar nicht zugänglich sind. Der Mensch ist weiter, wenn er nach innen schaut. Weil in ihm alle Keime dieses Universums liegen und die Ausgangspunkte für Verbindungen mit jedem fernsten Winkel unseres Seins.

So kam Ferdinand Grossmann zur Mystik, zum C. G. Jung-Schüler Erich Neumann und zur fernöstlichen Weisheit. Auf seinem letzten Nachtkästchen lag dann Laotses Tao-te-king:

„Also auch der Berufene: Er umfaßt das Eine und ist der Welt Vorbild. Er will nicht selber scheinen, darum wird er erleuchtet. Er will nichts selber sein, darum wird er herrlich. Er rühmt sich selber nicht, darum vollbringt er Werke. Er tut sich selber nicht hervor, darum wird er erhoben."

Grossmanns Wirken im Akademie-Kammerchor war

Llangollen, 1948

Ehrenhäuptling pitasa-kumapi bei den Schwarzfußindianern

Wiener Akademie-Kammerchor

Der Wiener Akademie-Kammerchor in Amerika:
„Austrian Folk Music and Yodeling Songs"

Weiße Kleider und Frack für „Classical Vienna"

Abreise von New York mit der „Queen Elizabeth",
the „World's largest ship"

Mit dem Wiener Männergesang-Verein in Salzburg, 1949

GESELLSCHAFT DER MUSIKFREUNDE IN WIEN

135. JAHR DES BESTANDES — SPIELZEIT 1946/47

GROSSER MUSIKVEREINS-SAAL

Dienstag, den 1. April 1947, um 18·30 Uhr
Mittwoch, den 2. April 1947, um 18·30 Uhr

Außerordentliches Gesellschaftskonzert

Joh. Seb. Bach

(geb. 21. März 1685 in Eisenach — gest. 28. Juli 1750 in Leipzig)

Matthäus-Passion

für Soli, Chor, Orchester und Orgel

Preis des Programmes 50 Groschen

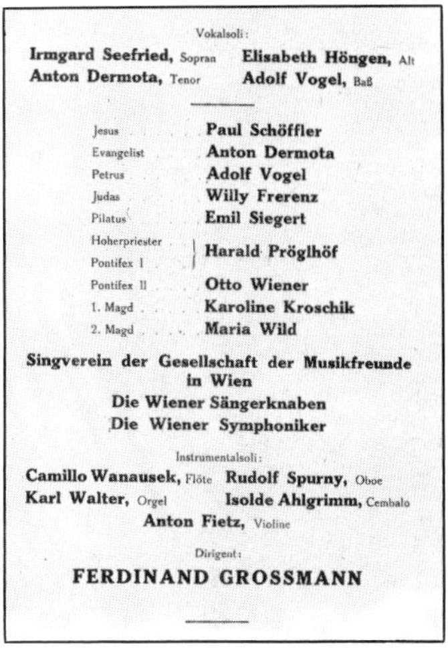

Vokalsoli:

Irmgard Seefried, Sopran — **Elisabeth Höngen,** Alt
Anton Dermota, Tenor — **Adolf Vogel,** Baß

Jesus	**Paul Schöffler**
Evangelist	**Anton Dermota**
Petrus	**Adolf Vogel**
Judas	**Willy Frerenz**
Pilatus	**Emil Siegert**
Hoherpriester, Pontifex I	**Harald Pröglhöf**
Pontifex II	**Otto Wiener**
1. Magd	**Karoline Kroschik**
2. Magd	**Maria Wild**

Singverein der Gesellschaft der Musikfreunde in Wien
Die Wiener Sängerknaben
Die Wiener Symphoniker

Instrumentalsoli:

Camillo Wanausek, Flöte — **Rudolf Spurny,** Oboe
Karl Walter, Orgel — **Isolde Ahlgrimm,** Cembalo
Anton Fietz, Violine

Dirigent:

FERDINAND GROSSMANN

Besprechung mit Konzertdirektor Herbert von Karajan, Vorstand Hans Brommer und dem Komponisten Anton Heiller

Ferdinand Grossmann dirigiert in Japan

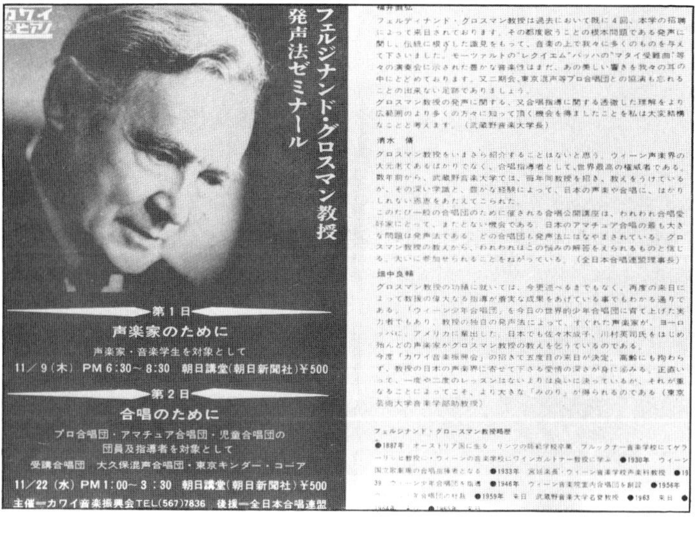

Mit Dr. Erik Werba dienstlich und privat in Japan

Begeisterter Empfang in Japan

Probe mit den Wiener Sängerknaben in der Royal Festival Hall, London

Auf der Alpe in Mairnigg. Gesangsstudium in Hinterbichl

Empfang anläßlich des 40jährigen Bestehens des Institutes der Wiener Sängerknaben, 1964, Ferdinand Grossmann im Gespräch mit Kammersängerin Hilde Konetzni

Mit den Wiener Sängerknaben im Augartenpalais

Ferdinand Grossmann mit den Buben der künstlerischen Volksschule bei den Wiener Sängerknaben, Wien 1970

ein solches in sich Geschlossenes, ein Feuer, das innen zündet und doch nach außen strahlt. Es war gerade darum in den Anfangsjahren für die Mitwirkenden so etwas Großartiges, Beglückendes. Als Ferdinand Grossmann den Chor dann wirklich „nach oben“ gebracht hatte, als die ganze Welt ihn hören wollte und die Kritiker kaum mehr wußten, mit welchen Superlativen sie loben sollten, da war die Gewißheit des ständigen Funkensprühens in den eigenen Reihen, des ungebrochenen menschlichen Zusammenhaltes nicht mehr gegeben. Am Höhepunkt des Ruhmes übergab Ferdinand Grossmann den Wiener Akademie-Kammerchor seinem Nachfolger, dem Chormitglied Günther Theuring, und kehrte zu den Kindern zurück.

Das sollte 1955 sein. Bis dahin bereiste der Kammerchor die halbe Welt, gab selbstverständlich auch in Österreich zahlreiche Konzerte, und in den Sammlungen der Mitglieder stapelten sich neben unzähligen Photos, exotischen Konzertprogrammen und einer Fülle von Erinnerungen die phänomenalen Kritiken der internationalen Presse. So war man zum Beispiel gleich im Anschluß an die Wettbewerbserfolge in Llangollen ins britische Wrexham weitergereist. Am 25. Juli 1949 schrieb der „Wrexham Leader“:

„Es würde einem schwerfallen, genug schmückende Beiwörter zu finden, welche die überragende Kunst des Wiener Chores beschreiben könnten, der einen neuen und unerreichten Standard für Chorgesang aufgestellt hat... Professor Grossmanns Beherrschung des Chores war beinahe unheimlich. Durch die geringsten Bewegungen seiner ausdrucksvollen Hände konnte er die erstaunlichsten klanglichen Schattierungen mühelos erreichen.“

Ein Jahr später. Festspiele in Edinburgh, ein Konzert mit geistlicher Musik. „The Scotsman“ schrieb:

„Es ist ein ausgezeichnetes Vokalensemble, das man fast ein Instrument nennen möchte. Das Singen der jungen Leute erinnert an die Qualitäten ihres eigenen philharmonischen Orchesters. Hier war eine einzigartige Kontrolle, Klangschönheit des Tones, und ihre Spezialität ist das hauchzarte Singen durch halb geschlossene Lippen — Weichheit und Wärme des fein abgestimmten Vibrators, makellose Intonation und völlige Ausgeglichenheit sogar während der komplizierten Motette ‚Hoc Corpus' von Heiller."

Die musikalische Moderne war zu einem besonderen Anliegen von Ferdinand Grossmann geworden. Mit seinem so großartig geschulten Chor konnte er die schwierigsten Werke einstudieren und präsentierte dem Ausland unermüdlich die österreichische zeitgenössische Musik — Apostel, David, Heiller, Lechthaler, Wildgans etc., etc. (niemals jedoch Grossmann!) —, das Wirken des Wiener Akademie-Kammerchores unter Grossmann erlangte somit auch eine entscheidende kulturpolitische Bedeutung. Übrigens bestand Grossmann stets auf seinen Qualitätsansprüchen für die Kammerchorkonzerte, den allzu flachen Popularitätswünschen der Veranstalter gab er nicht nach. Und Kammerchormitglied und -manager Dr. Wilfried Scheib konnte den Agenturen auch das Anspruchsvolle verkaufen. Dr. Scheib war organisatorischer Motor der Reisen um die Welt, und einen solchen benötigte Ferdinand Grossmann, denn um Administration wollte er sich gar nicht gerne kümmern. Also knüpfte Wilfried Scheib Kontakte von Skandinavien bis Neapel, irgendwie bekam man auch immer wieder das Geld zusammen, und so konnte man nicht nur beim Internationalen Bach-Fest in Wien die „Lukas-Passion" oder bei den Linzer Ursulinerinnen Motetten von Jacobus Gallus bis Anton Bruckner singen, sondern auch in Bergen, Stockholm oder Kopenhagen musizieren.

Zum Beispiel Bergen. Ein Freiluftkonzert im Park, die Zuhörer harrten der Darbietungen aus Wien. Und zwar bewaffnet mit Regenschirmen. Es schüttete nämlich in Strömen. Die Sänger aus Wien waren mit einigem Bangen zu ihrem Salettl im Park marschiert: Sie würden ja wenigstens ein Dach über dem Kopf haben, aber wer hört sich denn bei so einem, pardon, Sauwetter schon ein Konzert an? Nun ja, 4000 waren gekommen. Und blieben, auch nach Ende des offiziellen Programmes, sie blieben stehen, brüllten Bravo — man hörte es gedämpft durch die Regenschauer — und verlangten Zugabe um Zugabe. Nasse Füße spürte keiner mehr.

Weiter nach Stockholm, Kirchenkonzert in der Jakobskirche. Das Konzert hatte der aus Llangollen bekannte Schwesterchor Akademiska Kören vorbereitet.

Stockholms „Tidningen“:

„Der Wiener Akademie-Kammerchor bot am Donnerstag in der Jakobskirche herrliche Chormusik. ... Die Soprane klangen so außerordentlich weich und ausgeglichen, überhaupt zeigte dieser kleine Kammerchor eine einzigartige Stimmkultur ... Man verließ dieses Kirchenkonzert mit dem Gefühl, etwas außergewöhnlich Schönes gehört zu haben, sowohl was den Chorklang als was das Programm anlangt, was vor allem dem Dirigenten Prof. Ferdinand Grossmann zu größter Ehre gereicht.“

24. September 1951, Kopenhagen, für fast 2000 Leute wurden Werke aus sechs Jahrhunderten geboten. Kritik:

„Ein vollendeter Chor! Welche Vielseitigkeit! ... Alles traf ins Schwarze. Der Dirigent Professor Grossmann kann das Hauptverdienst für die außerordentliche Leistung in Anspruch nehmen. Durch kleinste Mittel konnte er größte Steigerungen hervorzaubern. Trotz der großen dynamischen Flügelschläge des Ensembles war der Vortrag von einer herrlichen, gleichgewichtigen Ruhe.“

Oder Italien. Winter 1952. „Il Notiziario di Messina e della Calabria“:

„Das Verhältnis der Stimmen untereinander ist wunderbar ausgeglichen. Jede einzelne ist rein, tragfähig, warm und weich in der Tongebung. Diese Stimmen zum Chor verbunden ergeben einen Klang, den man getrost ‚metaphysisch‘ nennen darf.“

In Neapel ein Konzert mit Werken von Palestrina, Bach und der Missa brevis in D von Wolfgang Amadeus Mozart. „Il Giornale“:

„Tief ergriffen verließen die Zuhörer den Saal, wie durch ein Wunder gesegnet. Es war ein erschütterndes Erlebnis.“

Mailand, „Corriere della Sera“:

„Eines dieser Konzerte, die man nicht vergißt, bereitete uns das Wiener Ensemble mit seinen Stimmen von engelhafter Weichheit und einer überraschenden Beweglichkeit, die ausdrucksvoll und wunderbar aufeinander eingestimmt sind. Alles Qualitäten, die unbestreitbares Verdienst seines leidenschaftlich hingegebenen Dirigenten Prof. Ferdinand Grossmann sind."

Und so weiter, und so weiter. Daß man den Wiener-Akademie-Kammerchor auch in der österreichischen Heimat schätzte, bewiesen Kritikerdoyen Max Graf („Den Akademie-Kammerchor hat Prof. Grossmann zu einem erstklassigen Chorkörper erzogen, dessen Klang abgeschliffen ist wie ein Kristall"), Erik Werba („Der Akademie-Kammerchor hält auf der Höhe einer Meisterschaft, in der das Technische und das Erlebnismäßige im richtigen Verhältnis zueinander stehen"), Alexander Witeschnik („Die reinsten musikalischen Freuden aber schenkte Ferdinand Grossmann mit seinem einzigartigen Akademie-Kammerchor beim Eröffnungsfestakt — des Salzburger Musikfestes, Anm. — mit der Darbietung alter und neuer Chöre") oder jener mit w - l paraphierende Kritiker, der erklärte:

„Seraphische Soprane, wie edle Rubine glühende Alte, leuchtende Tenöre, schwebend und kraftvoll zugleich, und samten grundierend, wo es nottut, aber auch gewichtige Bässe — das ist jenes kostbare Instrument, wie es nur der bedeutende Dirigent, Chorerzieher und Stimmbildner Professor Ferdinand Grossmann erschaffen konnte: Wiens weltbekannter Akademie-Kammerchor. Wie die Stimmqualität sind auch Schulung und Musikalität unübertrefflich. Jeder und jede dieser vierundzwanzig jungen Damen und Herren hat das absolute Gehör; da gibt es kein A-Pfeiferl und kein Akkordieren am Klavier vor den Einsätzen. Sie treten, wie letzthin in einem Konzert im Rot-Weiß-Rot-Studio Bürgertheater, einfach an und singen, singen die schwierigsten Dinge."

So waren sie denn auch gerüstet für die Neue Welt. Rektor Dr. Hans Sittner, beglückt, daß Ferdinand Grossmann den Kammerchor „seiner" Akademie zu solchen Höhen hatte führen können, unterstützte tatkräftig den Drang auch in die Weite, Manager Dr. Scheib pflegte Kontakte mit dem Vizepräsidenten von Columbia Artists André Mertens, am 13. September 1953 bestieg man den Zug am Wiener Westbahnhof und am 16. September stach die Queen Mary in Cherbourg in See, um die musikalischen Botschafter

Österreichs nach New York zu schiffen. Beim Abschiedskonzert in Wien hatte man sich, wie man 30 Jahre später sagen würde, in „Topform" präsentiert. Ein Kritiker:

„Was Ferdinand Grossmann als Chorerzieher aus diesem einst als Schulchor der Akademie gedachten Ensemble gemacht hat, das konnte man diesmal wieder erkennen: ein subtiles Instrument, das jede Schwierigkeit meistert, das in seiner Klangschönheit und musikalischen Sicherheit kaum zu vergleichen ist. Diese Künstlerschar wird auch Amerika erobern."

Das hatte man auch vor. Der Wiener Akademie-Kammerchor unter Ferdinand Grossmann gestaltete 1953 von September bis Weihnachten 76 Konzerte in riesigen Konzerthallen und in kleinen Fabriken, in Salt Lake City, wo ein Mormonenpriester sie als „Sendboten des Friedens" willkommen hieß, in Chicago, wo die 2500 Besucher fassende Orchestra Hall zweimal ausverkauft war, sie sangen dreimal in Los Angeles, dazwischen in Städten wie Kalispell, Kellogg oder Cedar Rapids, in der Fabrik des Multimillionärs österreichischer Abstammung Kohler, in Omaha, einer Kleinstadt mit einem besonders hohen Anteil an deutschsprachigen Einwanderern, in San Francisco, Milwaukee, Seattle, Washington, in zahlreichen anderen Metropolen der Vereinigten Staaten und zum krönenden Abschluß in der New Yorker Town Hall, wo sie wieder, zum x-ten Mal in diesen drei Monaten, Standing ovations entgegennehmen konnten. Und sie sangen nicht nur, sie hatten ja auch ihr „eigenes Orchester" mit, die Sänger des Akademie-Kammerchores, die auch alle hervorragende Instrumentalisten waren, griffen zu Geige, Bratsche, Violoncello oder setzten sich ans Klavier und begleiteten Brahms' „Liebeslieder-Walzer", Mozarts „Ave Verum", spielten österreichische Volksmusik oder Beethovens Violinromanze mit der — choreigenen — Christiane Hruschka (später Sorell) als begeisterter Solistin.

Daneben nahmen sie die Eindrücke der Neuen Welt mit allen Sinnen auf, von den überwältigenden Naturschönheiten bis zur Radioanlage und zu den umlegbaren, gefederten Sitzen in ihrem sie oft 300 bis 500 km pro Tag durch die

Lande kutschierenden Autobus — ein solches Wunderwerk aus Stahl, Glas und Chrom hatte man in Europa noch nicht gesehen! Sie ließen sich von Party zu Party (auch ein Novum!) schleppen und von der amerikanischen Gastfreundschaft fast erdrücken, kochten aber doch auch gerne selbst — verbotenerweise, selbstverständlich! — auf ihren mitgebrachten Kochern in den Hotelzimmern, und dann durchzog auf einmal ein für ein veritables US-Motel recht ungewohnter Gulaschduft die Gänge. (Die Kocher wurden letztendlich in New York zurückgelassen und der freigewordene Platz in den Koffern zum Transport von amerikanischen Kostbarkeiten für Freunde, Verwandte und für den Eigenbedarf genützt.) Sie ritten auf Pferden und besuchten ein Reservat der Schwarzfuß-Indianer, wo Ferdinand Grossmann von den beeindruckten Stammesoberen zum Ehrenhäuptling pitasa-kumapi (Adlersohn) gekürt wurde, in einer ergreifenden Zeremonie, untermalt von den ans Innerste rührenden Gesängen der ehemaligen Herren Amerikas.

Am Konzertabend trafen die jungen Leute des Akademie-Kammerchores dann wieder voll konzentriert zusammen. Es war dies ja keine Vergnügungsreise, es war kulturelle, kulturpolitische Verpflichtung. Die Programme der Konzerte hatte Ferdinand Grossmann in drei Abschnitte gegliedert: Am Beginn stand „Sacred Music“ wie Lottis „Cruzifixus“, das „Ascendit Deus“ von Jacobus Gallus oder Mozarts „Ave Verum“ mit Instrumentalbegleitung, es folgte ein folkloristischer Teil „Austrian Folk Songs and Yodeling Songs“, und nach der Pause gab es „Classical Vienna“ mit Mozart, Beethoven, Schubert, Brahms und Walzern von Johann Strauß, arrangiert von Ferdinand Grossmann. Um die Darbietung optisch abzurunden, wechselten die 12 Damen und 12 Herren zweimal im Laufe des Konzertes ihren „outlook“: der sakrale Teil wurde in schwarzen langen Kleidern und im schwarzen Anzug gesungen, für die Volksmusik schlüpfte man — zur besonderen Begeisterung der Amerikaner — in Dirndl und Lederhosen, und am Schluß erschienen die Damen in strahlendem Weiß und die Herren im Frack. So wurde den auf diesem Gebiet angeblich führenden Amerikanern auch eine perfekte Show-Inszenierung geboten, wobei das Äußerliche allerdings nur Fassung für den künstlerischen Edelstein war. Ferdinand Grossmann bestand auch darauf, daß wenigstens in Zentren wie Chicago oder New York moderne Musik aufs Programm gesetzt wurde, Kodaly und Hindemith wurden präsentiert, amerikanische zeitgenössische Musik, Österreichs musikschaffende Gegenwart war mit Heillers „Tragischer Geschichte“ oder Johann Nepomuk Davids „Tiergeschichten“ vertreten. Zum Abschluß der Tournee erklärte der Präsident der Community Concerts, während der ganzen Konzertreise wäre keine einzige negative Kritik in den Zeitungen erschienen. Der Kritiker der „New York Times“ schloß sich seinen Kollegen an. Hier die ungekürzte Kritik:

Viennese chorus ends tour of U. S.

0Offers Concert at Town Hall Marked by Tonal Sensibility and Joy of Vocalizing

VIENNA ACADEMY CHORUS: Ferdinand Grossmann, conductor. At Town Hall.

Hodie Christus natus est	Gallus
Crucifixus	Lotti
Ave verum Corpus	Mozart
Singet dem Herrn	Bach
Frisch auf	Peuerl
Innsbruck, ich muß dich lassen	Isaac
Tiridola, non dormire	Vecchi
Kyrie	Virgil Thomson
Alleluja	Randall Thompson
Szekler Klage	Kodaly
Liederbuch	Hindemith
Tragische Geschichte	Heiller
Os Justi	Bruckner

The twelve young women and twelve men of the Vienna Academy Chorus wound up their first United States tour yesterday afternoon with a concert at Town Hall. It meant that this city was finally able to hear the sort of accomplished singing that other American cities have already enjoyed.

The group derives its name from the fact that all its members are graduates of the Vienna Academy of Music. It was founded in 1946 by Prof. Ferdinand Grossmann, and a knowledge of its excellence had preceded it here because of its work in recordings. But even its good records did not prepare one fully for its charm and tonal sensibility.

This is a group that Professor Grossmann has trained down to the last hair, but it has not lost its spontaneity or its joy of singing. Thus there was a freshness and sweetness about everything it did and even in an excessively tricky number like Heiller's "Tragische Geschichte" the virtuosity was exploited for the sake of the music and not for its own sake.

It was difficult for one to know what to admire most, the exquisite texture the chorus can achieve when singing in unison, or the clarity of the individual vocal lines in polyphonic music. But perhaps even more remarkable is the way the choir can sustain independent vocal lines within a texture, which in a work like Lotti's "Crucifixus" was utterly seamless.

A good deal of Professor Grossmann's success stems from the fact that his ideal seems to be that of beautiful, quiet tone. Because his group can achieve this, and because it can achieve subtle variety within quietness, it is extremely easy to listen to and its louds do not need to be shouted to seem like fortes. And how good it was to hear such a group singing music of consistently fine quality.

That musical quality was sustained in the contemporary works, too. There were four fine Hindemith songs, Randall Thompson's „Alleluja", Kodaly's "Szekler Klage" and a new „Kyrie" by Virgil Thomson, wich was another welcome addition to the field of contemporary liturgical music to which Mr. Thomson has already made signal contributions.

Two incidents help to give the picture of the event. For the one accompanied work of the afternoon, Mozart's "Ave verum Corpus," a young women and three of the young men stepped from the ranks, took up the instruments on the four chairs at the side and became a string quartet. And as an encore the whole group revealed its Viennese origin by doing Johann Strauss' „Pizzicato Polka", vocalizing, almost entirely on the word "plimp." Such was the skill and musicianship, it seemed a charming thing to do. R. P.

Für 1954 wurde der Wiener Akademie-Kammerchor sofort wieder nach Amerika eingeladen, diesmal sollte auch Kanada bereist werden. Nach weiteren Tourneen durch Italien, die Schweiz und Frankreich folgte 1955 wieder ein Besuch der Vereinigten Staaten von Amerika. Doch dann war schon Kammerchor-Sänger Günther Theuring für die künstlerische Leitung des Chores verantwortlich. Baumeister Grossmann hatte sein Werk abgegeben und begann wieder, Fundamente zu legen.

Das künstlerische Wirken von Ferdinand Grossmann war in der Dekade von 1945—1955 durch die Arbeit mit dem Wiener Akademie-Kammerchor entscheidend geprägt, Grossmann hatte jedoch zu dieser Zeit auch andere Funktionen inne: Er war Chordirektor des Singvereins der Gesellschaft der Musikfreunde in Wien (1946—1953), Professor an der Staatsakademie für Musik (seit 1933, Emeritierung 1957), Dirigent von Konzerten des Akademischen Orchestervereins (Ehrendirigent seit 1939), des Wiener Männergesang-Vereines (Chormeister 1927—1945 und 1946 bis zur Übergabe der künstlerischen Leitung an seinen Schüler und Kammerchor-Sänger Norbert Balatsch 1953), Leiter zahlreicher Konzerte und Messen in der Kirche am Hof oder der Evangelischen Kirche in Gumpendorf und für viele Privatschüler außer Pädagoge auch menschliche Stütze. Zu ihm „konnte man immer kommen", das wußten die jungen Leute, er war einfach immer für alle da, bemühte sich um Rat und Hilfe, streckte notfalls auch Geld vor. Bedürftige Schüler unterrichtete er sowieso kostenlos, das war einfach selbstverständlich. Da Gesang eben Ausdruck des gesamten Menschen ist, strebte Grossmann nach Harmonie in allem und suchte sie auch seinen Schülern zu vermitteln.

In seinem Privatleben hatte Ferdinand Grossmann dabei Mühe, zur Ruhe zu kommen. Der Bruch in der Ehe mit seiner ersten Frau war nicht mehr zu kitten, trotz des Schmerzes um die Kinder, denen kein friedvolles Familienleben geboten werden konnte. Die aufopfernde Mutter litt in ihrer starken religiösen Gebundenheit unter den Trennungswünschen ihres Gatten, da Scheidung für sie, die Katholikin, nicht in Frage kam. Aber Ferdinand Grossmann fand den Weg zurück nicht mehr. Die Ehe wurde doch geschieden. Ferdinand Grossmann heiratete Maria Durant-Mandl, mit der er seit Jahren in Liebe verbunden gewesen war. Der Verbindung enstammten die Kinder Agnes und Ronald. Die musikalisch hochbegabte Agnes, zur Zeit des 100. Geburtstages von Ferdinand Grossmann in der Neuen Welt, ist als Dirigentin künstlerisch tätig. Agnes Grossmann leitet die Chamber Players of Toronto und das Orchestre Metropolitain in Montreal, ist jedoch auch in ihrer Heimat Österreich als Chorleiterin und Dirigentin hochgeschätzt. Auch Ronald, der jüngste Sohn von Ferdinand Grossmann, widmet sich gerne der Musik, studierte Violoncello und Gesang, erwählte zum Lebensunterhalt jedoch einen „bürgerlichen" Beruf. Die Verbindung zur Musik hat Grossmann in allen seinen Kindern intensiv gefördert, er unterrichtete seine Kinder gerne selbst im Gesang und musizierte mit ihnen. Höhepunkte der Weihnachtsfeiern etwa waren die gemeinsam interpretierten Weihnachtslieder, die der Vater selbst, dem jeweiligen technischen Können der Kinder entsprechend, arrangiert hatte. Ferdinand Grossmann hat alle seine Kinder zur Kunst geführt, sie spielten alle ein Instrument und blieben dem Künstlerischen stets verbunden. Und auch nicht nur im Bereich der Musik: Irmgard, Tochter aus erster Ehe, nunmehr verehelichte Brunmayr, hat ihr künstlerisches Talent in den Dienst der Malerei gestellt.

Mit seiner zweiten Familie bezog Ferdinand Grossmann eine Wohnung in der Döblinger Hauptstraße in dem von außen recht unscheinbar wirkenden Haus Nr. 61, dessen biedermeierlicher Reiz sich jedoch beim ersten Blick in den kleinen Garten und auf die laubenartigen Veranden offenbarte. Vor allem in Grossmanns Studierzimmer, in das man über eine gartenseitige Treppe gelangte, entstand eine ganz spezifische Atmosphäre, die jeden Besucher berührte und vor allem auch seine Schüler gefangennahm. Es genügte oft, so hieß es, nur diesen Raum zu betreten, um alle Verkrampfungen zu verlieren und frei für das Singen zu werden. Grossmanns Ausstrahlung, dieses Phänomen, das alle, die ihn kennenlernen durften, so unauslöschlich in Erinnerung haben, wirkte auch auf den Raum, in dem er lebte.

Es war auch schöpferisches Künstlertum in dieser Atmosphäre, denn Ferdinand Grossmann komponierte. Zwar blieb ihm wenig Zeit für dieses primäre Schaffen, doch er legte sein Herz in die weiten Bögen seiner über 200 Lieder, in seine Kammermusik, seine Meßlieder. Morgenstern war bevorzugter Dichter, er vertonte auch Hermann Hesse, Werner Bergengruen, Matthias Claudius, Christine Busta, asiatische Meister wie Saigyo, Worte aus der Bhagavadgita. Der Impuls des Formens war wichtigster Antrieb für seine Kompositionen, um Aufführungen wollte er sich nicht sonderlich bemühen. Die Festwochen 1966 sollten Ferdinand Grossmann dann doch einen Kompositionsabend widmen, es war selbstverständlich eine Freude. „Der Wille ist Liebe“ heißt eine seiner Solokantaten für Hohe Singstimme und Orchester, ein Motto, das man auch über Grossmanns Leben stellen könnte.

Die Ausstrahlung, die vom Wesen Ferdinand Grossmanns ausging — es waren wirklich Strahlen, die nach außen drangen, Strahlen, die aus seinen Händen strömten und Kopfschmerzen ableiten konnten, Strahlen, die starke menschliche Verbindungen schufen, Strahlen, die ihn auch in telepathische Kontakte treten ließen. Und er dirigierte auch mit den magnetischen Kräften seiner Hände, niemals mit einem „kalten“ Dirigentenstab, sondern mit kleinsten Bewegungen der Finger, von denen zu den einzelnen Musikern Verbindungen wie Fäden liefen. Wenn diese Musiker in den gleichen Schwingungen wie Ferdinand Grossmann arbeiteten, wurde das Konzert ein Ereignis, vor allem mit kleinen Ensembles, wo auch menschliche Beziehungen zum Tragen kamen.

Problematischer wurde die Zusammenarbeit mit großen Orchestern, bei der vieles, was Grossmanns Wesen ausmachte, in den Hintergrund rückte, stattdessen Durchschlagskraft und strenge Schlagtechnik gefordert wurden. Ferdinand Grossmanns Domäne war der Chorgesang und das künstlerische Gestalten mit überschaubaren Ensembles, weil er da jeden einzelnen ansprechen, zu jedem persönlichen Kontakt halten konnte, weil ihm da auch die Bereitschaft der Musiker, sich formen zu lassen, entgegenströmte. Dann bekamen seine Konzerte ein einheitliches Gepräge und wurden zum gesamtkünstlerischen und auch zum menschlichen Ereignis. Mit abgebrühten Profi-Orchestern hatte Grossmann oftmals seine Mühe. Wenn künstlerische Bedingungen von außen an ihn herangetragen wurden und nicht aus seinem Inneren kamen, konnte er sich kaum entfalten. Seine Bescheidenheit machte es ihm auch unmöglich, als Star aufs Podium zu treten.

So hat er zwar die Wiener Symphoniker im Großen Musikvereinssaal bei Aufführungen etwa des „Deutschen Requiems" von Johannes Brahms, der „Matthäus-Passion" oder der Brucknerschen f-Moll-Messe dirigiert, seine Domäne im Musikverein aber blieb die Einstudierung des Singvereins für die Konzerte anderer Dirigenten. Josef Krips, Clemens Krauss, Bruno Walter, Hans Knappertsbusch, Wilhelm Furtwängler, Herbert von Karajan, sie alle dirigierten nach 1945 Chorkonzerte mit dem Singverein der Gesellschaft der Musikfreunde in Wien, und für sie alle leistete Ferdinand Grossmann die chorerzieherische Vorarbeit.

Jene Vorarbeit, die meist im Hintergrund bleibt. Der Chorleiter steht nie so wie der Dirigent des Konzertabends im Rampenlicht, seine Leistung wird einfach vorausgesetzt, Kritiker pflegten die Choreinstudierung bestenfalls in einem Nebensatz zu erwähnen — „der von XY hervorragend einstudierte Singverein" —, nur Tadel fällt meist etwas wortreicher aus. Das Publikum klatscht höflich Beifall und beginnt erst wieder zu toben, wenn der erlauchte Dirigentenstar zur Verbeugungstour schreitet. Die Choreinstudierung erfordert also neben den selbstverständlich verlangten Voraussetzungen, wie Wissen um Stimmschulung, Fähigkeit zur Formung eines Gesamtklanges und Musikalität, auch eine gehörige Portion Idealismus. Die eigene Arbeit, die eben fast ausschließlich hinter den Kulissen geleistet wird, muß als Teil des künstlerischen Ganzen verstanden werden. Der Same, der gestreut wird, geht voll in der Blume auf, er ist nach dem Aufblühen nicht mehr erkennbar, wenn es auch ohne ihn ein Blühen niemals geben könnte. Jede Erziehung muß sich selbst überflüssig machen, ein Lehrer weiß, daß er Erfolg erst hatte, wenn man seine Arbeit nicht mehr erkennen kann. So braucht ein Chorleiter wohl innere Größe, wenn er seine Schützlinge nach langer Arbeit zu einem anderen aufs Podium schickt und hört, wie allen zugejubelt wird und nur er selbst im Hintergrund bleibt. Seine Freude im Inneren gilt dann der Kunst. Nur ein Mann, der so empfindet, kann wirklich große Chöre leiten.

Der Singverein bedurfte nach dem Krieg grundlegender Wiederaufbauarbeit. Die Verantwortlichen der Gesellschaft der Musikfreunde, Präsident Alexander Hryntschak und Generalsekretär Rudolf Gamsjäger, holten sich dafür Ferdinand Grossmann, weil sie auf seine Erfahrung, seine pädagogischen Fähigkeiten und seine Motivationskraft vertrauten. Die Proben mit Grossmann waren auch für den Singverein ein Erlebnis, man wurde einfach mitgerissen von seiner charismatischen Begeisterung, und so mancher, der sich müde zur Probe geschleppt hatte, verließ nach zwei Stunden „aufgebaut" und fröhlich den Musikverein. „Vom Grossmann kann man Kraft für die ganze Woche beziehen", wußte man bald, das war bei aller konzentrierten Probenarbeit positives menschliches Künstlertum.

Freilich hatte Ferdinand Grossmann mit Unzulänglichkeiten im künstlerischen Alltagsleben zu kämpfen: Dringend benötigtes Notenmaterial traf viel zu spät ein, die Probenzeit reichte für schwierige Werke dann nicht aus und Hektik kam auf. Einem Dirigenten — demjenigen, der „dann" dazu kam und dem nichts wichtiger als „sein" Konzert war — diese vorangegangenen Schwierigkeiten klarzumachen, wurde heikle Aufgabe. Wer ist „schuld" in einem solchen Fall? Im Chor selbst mußten Stimmen immer wieder überprüft und unter Umständen mit viel Charme und diplomatischem Geschick „rückgereiht" werden.

Ferdinand Grossmann nahm jede Aufgabe ernst, der Chor wurde von 1946 bis 1953 vorbildlich geschult, und als Grossmann den Chor an Dr. Reinhold Schmid übergab, waren alle Mitglieder noch einmal überprüft worden, die Ergebnisse des Vorsingens hatte Grossmann schriftlich für seinen Nachfolger festgehalten. Der Singverein konnte auf dem hohen Niveau kontinuierlich weiterarbeiten; beruhigt reiste Ferdinand Grossmann mit seinem Akademie-Kammerchor 1953 nach Amerika.

Grossmann trug mit seinen Spitzenensembles, die international so bald „gefragt" waren, spezifisch österreichisches Musizieren ins Ausland. Man erkannte auch dort, jenseits der Grenzen, daß Stimmschulung und Chorerziehung, wie Grossmann sie betrieb, jedem einzelnen Sänger und jedem Ensemble unendliche Bereicherung bringen konnten. Darum wollten auch „die anderen" Ferdinand Grossmann haben:

1958 wurde er als Lehrbeauftragter für Stimmbildung, Lied und Oratorium zur Weltausstellung nach Brüssel berufen. Im selben Jahr wollte man Grossmanns so feines absolutes Gehör in der Jury des Kompositionswettbewerbes von Varese, Italien, nicht missen. An die Stätte der ersten internationalen Erfolge des Akademie-Kammerchores kehrte er 1962 zurück: Llangollen hatte ihn in die Jury des International Musical Eisteddfod gebeten.

Jurortätigkeit übte Grossmann übrigens auch im Inland aus, beim Mozart-Wettbewerb in Wien 1963 und vor allem als Vorsitzender des Chorwettbewerbes auf Schloß Porcia. In Spittal an der Drau festigte er somit seine Beziehungen zu dem so musikalischen Bundesland Kärnten, dem er durch die Betreuung der Sommerlager der Sängerknaben in Hinterbichl und Sekirn sowie durch die Ferialschulungen des Akademie-Kammerchores auf der Alpe in Maiernigg ob dem Wörthersee verbunden war. 1941/42 war Grossmann interimistisch Direktor des Kärntner Grenzlandkonservatoriums gewesen, wohlgefühlt hat er sich stets in diesem Süden Österreichs mit seinen stimmgewaltigen Chören und den melancholischen Liedern. „Das Kärntner-Herz ist übervoll, deshalb ‚klingt' der Gesang bei euch. Mit euch musizieren macht große Freude."

Doch zurück wieder ins Ausland. 1964 wurde Ferdinand Grossmann zum Leiter der „Internationalen Sommerakademie" im schwedischen Vadstena bestimmt (bis 1968); durch ihn wurde Vadstena zu einem berühmten skandinavischen Musikzentrum. 1965 erhielt Ferdinand Grossmann die Ehrenbürgerurkunde dieser Stadt.

Die Sommerakademie in Salzburg hatte ihn bereits 1959 als Stimmbildner verpflichtet, auch hier erreichte sein pädagogisches Wirken (bis 1966) internationale Dimension. Grossmanns Fremdsprachenkenntnisse waren zwar nicht gerade phänomenal, die anschauliche Art seines Unterrichts brach aber alle Sprachbarrieren nieder. Seine ganze Persönlichkeit war Ausdruck, da mußte man einfach verstehen!

So gab es auch bei den Symposien des Institute of European Studies, in deren Rahmen Ferdinand Grossmann 1969 und noch im Sommer 1970 Stimmbildungskurse abhielt, nur ein Problem: „The second class of the morning under Professor Grossmann proved to be the highlight of the Symposium. With his kindly, genial manner and his extensive knowledge of voice and literature of the period, he blended voice production, phrasing tone quality, diction, conducting and history into a unifield whole: truly a master teacher. His only problem was dismiss the class — none wanted to leave." (Harvey E. Mayer, University of Missouri, Kansas City)

Begeisterung für den Unterricht zu wecken, ist das entscheidende Prinzip. Wer zu interessieren vermag, hat die Hauptsache seiner Inhalte schon vermittelt, weil dann beim Schüler Aufnahmebereitschaft geschaffen ist, Lehren nicht Zwang und Lernen nicht Krampf ist. Wenn Augen und Ohren erwartungs*froh* geöffnet sind, nimmt man das Neue ganz von selbst auf, sobald ein Lehrer gewaltsam eintrichtern muß, hat er schon verloren. Für Ferdinand Grossmann war Lehren Berufung, weil es einfach Teil seiner Weltanschauung war, dieser ständige Austausch von Inhalten, die Offenheit für alles Neue, die stete Weiterentwicklung von allem, was in uns steckt, im Gleichklang mit der Welt und allen ihren Strömungen. Es war ihm ein Bedürfnis, dies zu vermitteln, Krämpfe zu lösen, Engen zu weiten, Harmonie zu schaffen.

Das Aufgehen im Ganzen, das Verinnerlichen in der Anschauung ohne zerteilenden analytischen Intellekt, sondern in begreifendem synthetischem Fühlen, das sind Prinzipien fernöstlicher Weisheit. Zu diesem Gedankengut des Fernen Ostens fand Ferdinand Grossmann in sich eine starke Beziehung. Ähnlich wie es ihm mit der Mystik eines Meister Ekkehard oder mit den Erkenntnissen des Jung-Schülers Erich Neumann über den „Schöpferischen Menschen" ergangen war. Literatur und Philosophie lernte Ferdinand Grossmann hauptsächlich in der Vermittlung durch seine nunmehrige Gattin kennen, die ihm, dem Vielbeschäftigten, häufig vorzulesen pflegte. Für ihn war vieles, was er da zu hören bekam, längst innere Weisheit geworden, er nahm es nun als Wissen nochmals auf und stellte mit Erstaunen fest, daß andere wortreich formulieren konnten, was ihm als Natur zu eigen war. Warum nur ging den Menschen die Wahrheit immer wieder verloren?

Ferdinand Grossmann fühlte, wie ihn die Faszination des Fernen Ostens überwältigte. Und der Ferne Osten war fasziniert von ihm. Japanische Studentinnen und Studenten der Wiener Musikakademie hatten in ihrer Heimat von Professor Ferdinand Grossmann erzählt. Grossmann müßte, so meinte man bald, für den Aufbau der japanischen Musikpädagogik in ihrer neuen westlichen Ausrichtung entscheidende Impulse geben können. 1959 reiste Ferdinand Grossmann erstmals in den Fernen Osten, um an der Musashino Academia Musicae als Stimmbildner, Chorerzieher und Dirigent zu wirken. Gefangen in der Faszination Asiens, vermochte er, wieder einmal, sein Wesen in neuen Facetten zu entfalten. Grossmann wurde, wie Wiener Kollegen bei Besuchen an der Tokioter Musikakademie feststellen konnten, für Japan ein „Weltereignis". Getragen von der liebevollen Verehrung seiner Gastgeber, setzte er Maßstäbe für die Musikerziehung an Japans Hochschulen. Er war aber auch beeindruckt von dem Standard, den er vorfand, und von dem Willen der Japaner, die Musik des fernen Europa für sich zu erarbeiten. 1959, im ersten Jahr seines Wirkens in Japan, schrieb Ferdinand Grossmann bewundernd:

„Durch die Errichtung und den Ausbau der Musikakademie Musashino wurde in 30 Jahren eine ungeheure Pionierarbeit für die europäische Musik geleistet. Der ausgezeichnete Geist dieser modernen Erziehungsstätte strahlt über ganz Japan aus."

Alle zwei Jahre sollte er fortan wieder an die Musashino Academy berufen werden, man bot ihm sämtliche Möglichkeiten, die ein auf allen Gebieten aufstrebendes Land in seiner Begierde nach kultureller Öffnung zu bieten hat. Zum Dank für seine Aufbauarbeit wurde Grossmann 1963 zum Ehrenprofessor des Musashino Academia Musicae ernannt, 1967 erhielt er den höchsten Orden, den der japanische Kaiser an Ausländer zu vergeben hatte. 1969 verabschiedete sich Ferdinand Grossmann von der für ihn so wichtigen Wirkungsstätte mit Glückwünschen:

„Ich bewundere den großartigen Aufbau, den Musashino Academia Musicae in den letzten 10 Jahren gefunden hat, und beglückwünsche den Präsidenten, Herrn Prof. Fukui, herzlichst zu den enormen künstlerischen und pädagogischen Erfolgen."

In Japan war man auch bereit, Geldmittel für Grossmanns größtes Anliegen bereitzustellen, nämlich für eine Neugestaltung des Unterrichtes an Elementarschulen und eine großangelegte Talenteförderung im Vorschulalter. Das Zurückgehen an die Wurzeln, an die früheste Entwicklung, da noch keine Verbildungen stattgefunden haben und alle Möglichkeiten noch offen sind, war Ferdinand Grossmanns großes Ziel in seinen letzten Lebensjahren.

Selbstverständlich auch in Wien. Die Möglichkeit, sich mit diesem Problem hier intensiv auseinanderzusetzen, boten ihm die Wiener Sängerknaben in den Anforderungen ihrer Gesangs- und ihrer allgemeinen Schulausbildung.

Der Entwicklungsfähigkeit der Kinder hatte Ferdinand Grossmanns Augenmerk immer schon gegolten. Sein Vorteil war, daß er mit Kindern einfach gut umgehen konnte, zuerst als Volksschullehrer in Oberösterreich, später bei den Wiener Sängerknaben. Keine Spur eines trockenen Unterrichts! Da das Leben für ihn nicht aus lauter abgegrenzten Einzelbezirken bestand, sondern unteilbares Ganzes war, bettete er Musik in anschaulicher Form in die andere Bereiche ein, ließ Vögel zwitschern, Blumen blühen und seine Buben Bögen singen, wie man „Schlagobers aus einer großen Schüssel schleckt". Was Wunder, wenn sie weiche Bögen jubilierten?

Der Knabengesang allerdings, das war Ferdinand Grossmann schon während seiner ersten „Amtsperiode" (1939—1945) bei den Wiener Sängerknaben aufgefallen, barg Gefahren in sich, vor allem für die Zukunft. Er beobachtete, wie die Buben angestrengt nur mit ihren kostbaren Stimmbändern arbeiteten, ausschließlich „in der Kehle" und mit Kopfstimme sangen. Nach drei Jahren strahlender Erfolge ging nur allzu oft in der Mutation alles verloren. Grossmann erkannte, daß dies nicht Schicksal oder Preis für frühen Ruhm, sondern schlicht mangelnde Ausbildung war. Er bestand auf Erweiterung zur Voix mixte und vor allem auf Entwicklung der Atemtechnik, der „Stütze". Um zu demonstrieren, wie das Zwerchfell sich bewegt und welche Kraft richtiges Atmen bringt, legte er sich auf den Boden, ließ die Buben auf seinen Bauch steigen und schubste sie in die Höhe. In all dem Hallo hatten sie schon wieder etwas gelernt. So einfach ist das! Wenn einem Lehrer halt immer etwas einfällt.

So spielte er ihnen das „Staunen" vor, das ihnen helfen sollte, einen Ton aus dem „Urpiano" zu entwickeln, „seufzte, wie man es genüßlich in der Früh' vor dem Aufstehen" tut, damit sie ihren Seufzerpunkt für die Stütze finden konnten. Er ließ sie an seinem Scheitel — und dann auch an ihrem eigenen — das Vibrato der Töne spüren, sie durften ungeniert in seinen Mund starren und beobachten, wie die Zunge an den unteren Schneidezähnen lag und nicht nach hinten rutschte, damit die Töne nicht guttural oder — wie Grossmann anschaulicher sagte — „knödelig" würden. Und wenn's ihnen nicht gelang, die Zungen dort liegen zu lassen, wo sie hingehörten, dann empfahl er ihnen, sich vorzustellen, da unten, die Schneidezähne, das wären „Zuckerln“, an denen sie wohl gerne schlecken würden! In großen Bögen sollten sie die Töne aus der Tiefe schöpfen, so wie man die „Suppe aus einem tiefen Kessel schöpft“, da sind ja bekanntlich die „besten Stücke auch ganz unten drin.“ Wichtig war ihm, daß sie die Kraft ihrer Töne nicht durch Pressen erreichten, sondern durch „Staunen, Aufmachen“, ganz weich, die Kraft lag grundsätzlich im Piano, mußte nur geöffnet werden. Auch in die Höhe durften sie nicht „drücken“, sie sollten „ziehen“, über die vorhandenen Verbindungen der „zig zig zig Perlen einer Perlenkette“ — aber „net schleif'n!“ — oder bei Sprüngen sich locker in die Höhe schnellen lassen „wie von einem Trampolin“ oder „wie man einen Rucksack auf den Buckel schupft“. Am liebsten war ihm, wenn sie nach seinen Anleitungen von selbst auf die Prinzipien des Gesanges kamen; bei der richtigen Führung ist diese Art des Lernens ja besonders erfolgversprechend! So herrschte in den Proben fröhliche Atmosphäre, wenn es jedoch „ernst“ wurde, verlangte Grossmann volle Konzentration, da konnte er ganz kräftig mit den Augen funkeln! Es ging eine ungeheure mentale Kraft von ihm aus, das fühlten sie — und sie waren mucksmäuschenstill! In der Freizeit dann zeigte er lebhaftes Interesse für ihr Fußballspiel, für das Erklettern von Parkbäumen oder ihre sonstigen Varianten des Herumtobens, was die Angelegenheit natürlich besonders unterhaltsam machte.

So wurden sie also locker, Verkrampfungen fielen ab, und ihre Stimmen, erstklassig geschult, überstanden unbeschadet das Erwachsenwerden. Sie konnten weiterhin singen. Der männliche Anteil des Wiener Akademie-Kammerchores rekrutierte sich zu Beginn fast ausschließlich aus ehemaligen Grossmann-Sängerknaben. Sie wollten also auch weiter bei ihm lernen. Daß ihre gute Schulung ihnen bald fixe Engagements einbrachte und der Akademie-Kammerchor, dies galt dann auch für Sopran und Alt, Spitzenkräfte immer wieder ersetzen mußte, wurde in den späteren Jahren eines der Probleme dieses Ensembles. Das eingeschworene Team mußte immer wieder jemanden ziehen lassen — in die Solistenkarriere, in den Staatsopernchor. Da wurde es schwer, den spezifischen Klang und den Standard zu erhalten. Sie waren wohl einfach zu gut.

Daß Ferdinand Grossmann ein ausgezeichneter künstlerischer Leiter der Wiener Sängerknaben gewesen war, das wußte auch Dr. Walter Tautschnig, als er 1955, nach dem Tod von Rektor Josef Schnitt, die administrative Leitung des traditionsreichen Knabenchores übernahm. Und während Dr. jur. Tautschnig daran ging, seine Sängerknaben auf solide vertragliche Basis zu stellen und Schriftliches zu fixieren, wo Rektor Schnitt in geistlichem Gottvertrauen Abmachungen nur mit Handschlag besiegelt hatte, knüpfte er für die künstlerische Zukunft Kontakte mit Ferdinand Grossmann. Denn, so Tautschnig, die Wiener Sängerknaben könnten Weltgeltung erlangen und behalten, wenn sie richtig geführt würden, und Ferdinand Grossmann wäre „der einzige Mann, der für solch eine Aufgabe in Frage käme."

Grossmann lehnte ab. Er meinte, eine Institution wie die Wiener Sängerknaben wäre ohne Subvention nicht zu führen, die Buben müßten kontinuierlich arbeiten und dürften nicht aus wirtschaftlichen Gründen in der Weltgeschichte herumreisen, da dies ihre Stimmen schädigte und die künstlerische Entwicklung beeinträchtigte. Grossmann wollte Sängerknaben für Produktionen mit der Hofmusikkapelle, für Aufführungen geistlicher Musik, für Werke wie die „Matthäus-Passion", bei der er, Grossmann, als erster die Sopran- und Altsoli wieder mit Sängerknaben besetzt hatte. Er wollte eine hochkünstlerische Institution, die auf Finanzgebarung keine Rücksicht nehmen müßte und Kunst ohne Schielen auf Einspielergebnisse schaffen würde. Dr. Walter Tautschnig aber konnte für seinen Chor auf internationale Präsenz nicht verzichten, auch nicht auf Singspiele und Walzerfolgen im Programm.

Ab 1956 war Ferdinand Grossmann doch wieder künstlerischer Leiter der Wiener Sängerknaben, und daß die Institution auch in wirtschaftlicher Unabhängigkeit vom Staat eine hochkünstlerische blieb, ist wohl zu einem Gutteil seinem Wirken zu verdanken.

Man hatte sich geeinigt. Die Reisetätigkeit der Sängerknaben sollte zwar nicht eingestellt, aber auf ein vertretbares Maß reduziert werden, vor allem durften die Tourneen nicht allzu lange dauern, damit die Buben nicht völlig aus der Schul- und Gesangsausbildung herausgerissen würden. (1935/36 etwa war man neun Monate lang von Australien aus um den halben Erdball gekurvt!) Man würde die Buben in vier Chöre teilen, von denen jeder 3 Monate „unterwegs" sein sollte, so könnten die Sängerknaben zwar von Jänner bis Dezember international tätig sein, jeder Bub aber wäre neun Monate in der Heimat zur Ausbildung, für die Schule.

Ideal war für Grossmann die Verpflichtung der Wiener Sängerknaben zur Rücksichtnahme auf wirtschaftliche Belange nie, doch er mußte die Problematik als gegeben zur Kenntnis nehmen. Und er nahm die Herausforderung an. Es zog ihn zur Arbeit mit den Kindern.

Daß diese Kinder Künstler und dennoch Kinder sind, macht die besondere Faszination der Sängerknaben aus. Und ihnen beides ohne Abstriche zu ermöglichen, Künstlertum und Kindsein, dafür wollte Ferdinand Grossmann alle seine Kräfte einsetzen.

Zuerst überprüfte er selbst alle Sängerknaben, die er 1956 vorfand, ordnete Chöre neu und holte dringend notwendig gewordene Stimmschulungen nach. Zu starke Fluktuation im Stab der Kapellmeister bei den Wiener Sängerknaben in den 11 Jahren seit dem Krieg hatte eine kontinuierliche Arbeit gänzlich unmöglich gemacht, nun wurde neu geformt, neu aufgebaut. Täglich sollte Grossmann fortan selbst mit seinen neuen Schützlingen arbeiten, die Entwicklung der Stimmen war stets unter seiner Kontrolle.

Die Sängerknaben wurden nun, nachdem er den Akademie-Kammerchor an Günther Theuring abgegeben hatte, zu seiner Lebensaufgabe, obzwar er weiterhin „erwachsene" Gesangsschüler privat oder an der Musikakademie unterrichtete. Weiterhin war er wie stets „für alle da", die Rat von ihm brauchten, für ehemalige Schüler etwa, die als Solisten nun auf Opernbühnen standen und aus seiner Erfahrung Tips für die Gestaltung ihrer Rollen erbaten.

Zwar hatte auch für Grossmann der Tag nur 24 Stunden, aber diese Stunden schienen irgendwie unendlich dehnbar, anders war die Bewältigung seines Tagespensums nicht zu erklären. Müdigkeit war offensichtlich von der Natur für ihr Geschöpf Ferdinand Grossmann nicht vorgesehen, er schaffte es aber auch, sich binnen kürzester Zeit in Schlaf oder Meditation zu regenerieren, er konnte sich an jedem Ort in sich selbst zurückziehen — „ich gehe in mein Schöpferzentrum" — und war dann wieder wach und offen für alles. Krankheiten rückte er mit seiner Atemtechnik zu Leibe — Verkühlungen etwa wurden schlicht „weggeatmet" —, und wenn er zu Medikamenten greifen mußte, dann ausschließlich zu homöopathischen, denen er vertraute, weil Homöopathie den Menschen in seiner Gesamtheit und nicht bloß ein Krankheitssymptom behandelt und weil die (Heil)Kräfte im Inneren des Menschen zur Erlangung des gesunden, harmonischen Zustandes angespornt werden. Die homöopathischen Kügelchen, von seinen Schülern auch „Streusel" genannt, hatte Grossmann auch stets parat, wenn andere von Halsschmerzen oder ähnlichen stimmschädigenden Wehwehchen geplagt wurden. Und gegen Müdigkeit half seine Motivationskraft, er riß einfach mit. Vorm Altern mußte man, wenn man ihn kannte, keine Ängste haben: bis zum Schluß nahm er beim Treppensteigen prinzipiell immer zwei Stufen auf einmal, und er war immer als erster oben, egal wie jugendfrisch seine Verfolger auch sein mochten. Und auf das Podium *steigen* hat ihn nie jemand gesehen, er ist immer hinauf *gesprungen*, auch jenseits der 80.

Es kann sich auch niemand erinnern, daß Ferdinand Grossmann irgendwann etwas *nicht* interessiert hätte. Er war immer offen, für alles Neue, für alles Schöne, jede Entwicklung und Möglichkeit. Und für seine Anliegen setzte er sich voll ein. Wenn er also bei den Sängerknaben in Wien um 3 Uhr nachmittags erfuhr, daß der Reisechor in Brüssel mit Schwierigkeiten zu kämpfen hatte — es schien, als ob der mitreisende Kapellmeister den Anforderungen nicht gewachsen wäre —, so erklärte Grossmann, er war fast 70 Jahre alt und hatte einen anstrengenden Probentag hinter sich, so erklärte also

Ferdinand Grossmann dem verblüfften Dr. Tautschnig, dann müßte man eben nach Brüssel fahren. Am selben Tag noch, selbstverständlich, denn für den folgenden Tag war ja bereits das Konzert angesetzt. Also hatten Frau Grossmann und Frau Tautschnig in Windeseile das Nötigste zusammenzupacken, und schon saßen die beiden Herren im Zug. An der Grenze in Salzburg wurde festgestellt, daß man in schöner Eintracht die Reisepässe in den Wiener Dokumentenmappen hatte liegenlassen. Durch dieses kleine Mißgeschick fühlte sich nun Ferdinand Grossmann keineswegs zum Aufgeben veranlaßt, das Konzert in Brüssel war einfach zu wichtig, und die Wiener Sängerknaben würden keine Halbheiten bieten. Man blieb in Salzburg, ließ einen Assistenten mit den Ausweisen nachkommen, traf immer noch rechtzeitig in Brüssel ein, und binnen kürzester Zeit hatte Grossmann wieder Harmonie in seine Sängerknaben gebracht. Dr. Tautschnig war noch immer oder schon wieder verblüfft. Er hatte eben wirklich den richtigen künstlerischen Leiter für die Wiener Sängerknaben gefunden.

Grossmann, der in all seiner Lebendigkeit eine unglaubliche Ruhe ausstrahlte, war gerade in kritischen Situationen kaum aus der Fassung zu bringen. Als im Laufe einer ausgedehnten Nordlandtournee sowohl Notenmaterial als auch die Kostüme der Buben bis zum Konzertbeginn nicht eingetroffen waren, entschloß er sich spontan für ein flugs improvisiertes Programm, damit das bereits vollzählig erschienene Publikum nicht unverrichteter Dinge heimgehen müßte. Er erklärte den Buben rasch die Notwendigkeit einer Programmumstellung, wandte sich mit ein paar entschuldigenden Worten an die Zuhörer, dann gab er den Einsatz. „Das Konzert wurde eines der schönsten und erfolgreichsten der ganzen Tournee“, vermerkte die Chronik.

Ab 1956 also war Ferdinand Grossmann wieder für die künstlerischen Belange der Wiener Sängerknaben „zuständig“, beobachtete, schulte, formte seine „Buam“ von der Aufnahmsprüfung über die Ausbildungszeit zur effektiven künstlerischen Tätigkeit sonntags in der Hofburgkapelle, bei Festkonzerten mit etwa der „Matthäus-Passion“ oder dem alljährlichen Mozart-Requiem für die Verstorbenen der Hofmusikkapelle — da gab's dann nicht wenige, die meinten, „das Requiem dirigiert keiner so wie er!" —, bei Empfängen für politische Prominenz und bei der Reisetätigkeit durch die ganze Welt.

Nach Beendigung des Schuljahres waren die Buben auf Sommerlagern untergebracht, zuerst im Osttiroler Hinterbichl, später in dem modernen Heim Sekirn am Wörther See. Auch in diesen Ferien gab es Gesangunterricht bei „Hofrat" Grossmann — den nostalgischen Titel hatte man ihm anläßlich seines 70. Geburtstages 1957 zusätzlich zum Professor (seit 1925), Regierungsrat (seit 1930), ordentlichen Hochschulprofessor (seit 1952) zusammen mit der Ehrenmedaille der Stadt Wien und dem Ehrenring der Stadt Tulln verliehen. In Sekirn wurde aber auch Fußball gespielt, im Wörther See geschwommen, gewandert, Natur und Kindheit genossen, soweit dies für die Fast-Profis Wiener Sängerknaben eben möglich war.

Ferdinand Grossmann war das Umfeld, vor allem für die künstlerische Betätigung in Kindheitstagen, immer sehr wichtig gewesen. Optisch hatten es die Sängerknaben auch wunderschön, sowohl im Kärntner Sommer als auch während der übrigen drei Jahreszeiten in Wien, seit sie im Augarten residierten, inmitten eines riesigen Parks mit Spielplätzen, in einem renovierten Palais, das aus den Bombenruinen des Zweiten Weltkrieges wie ein Phönix aus der Asche wiedererstanden war. Es mag zwar für einen 12jährigen nicht übermäßig wichtig sein, daß an dem Tisch, an dem er nun sitzt, einst Kronprinz Rudolf gespeist hat, aber kulturträchtige Umgebung vermag allemal zu formen.

Das Palais platzte allerdings bald aus allen Nähten. Die Mittelschulklassen für die Buben waren unterzubringen, die Übungsräume selbstverständlich, schlafen mußten die kleinen Künstler auch irgendwo — sie lebten ja im Internat —, Büros für die Verwaltung, ein Zimmer für Hofrat Grossmann. Die Mutanten, um die man sich ebenfalls kümmern wollte, waren zwar in einem Nebengebäude, dem Josefstöckl, untergebracht — aber der Herr Grossmann hatte ja schon wieder eine neue Idee. Schließlich war er kaum 80 Jahre alt, da mußte man schon damit rechnen, daß er eine Fülle von Neuerungen noch würde in die Tat umsetzen wollen.

Ferdinand Grossmann machte sich Sorgen um die Kinder, vor allem natürlich um die Sängerknaben, aber im Grunde machte er sich Sorgen um alle Kinder. Er sah ihre „richtige Ausbildung“ nicht gewährleistet und wollte Reformen — für eine nach ganz spezifischen Vorstellungen ausgerichtete Volksschule, ja womöglich sogar für einen neuartigen Kindergarten. „Richtige Ausbildung“, das sollte heißen, Förderung der jedem Kind eigenen Möglichkeiten und Talente, sollte heißen gesamtkünstlerische Ausrichtung, nicht nur professionell orientierten Gesangsunterricht, kurz eine „Musische Gemeinschaft“, die jedem einzelnen Kind Gelegenheit böte, ganz zu dem Menschen zu werden, der er, den in seinem Innersten schlummernden Anlagen nach, sein könnte.

„Es erscheint als eine dringende Forderung unserer Zeit, daß die jungen Menschen, besonders die schöpferisch Begabten, lebendig sehen und hören lernen, geleitet von Künstlern, welche die Intuition und nicht in erster Linie den Intellekt zu wecken imstande sind. Betrachtung der Natur, Philosophie und Religion müßten die Schüler neben den Kunstfächern gelehrt werden. In jedem begabten Jungen das Schöpferische zu wecken, wäre die Aufgabe: lebendiges Erleben statt Ansammeln von rein intellektuellem Wissen!“

Soweit Ferdinand Grossmann in der Darlegung seiner Ideen zur Künstlerischen Volksschule in der Musischen Gemeinschaft. „Schöpferische Begabung“, so meinte er weiter, wäre in jedem Kind, und zwar durchaus spezifisch, verhanden. Denn das Schöpferische in uns ist die Verbindung zu unserem wahren Wesen und die Verbindung zum Wesen der Natur um uns. Nur wird dieses Schöpferische, diese Urverbindung, durch die übliche Erziehung und Schulpraxis in den meisten Fällen für immer verschüttet. Diesem Verschütten entgegenzuwirken, jede Einengung und Verkrampfung gar nicht erst aufkommen zu lassen, sondern jedes Kind so weit, offen, aufnahmefähig und daraus schöpferisch zu belassen, wie es der Mensch von der natürlichen Konzeption her wäre, das war Ferdinand Grossmanns großes Ziel in den Lebensjahren der Weisheit und Erfahrung.

Den Wiener Sängerknaben war im Internat wohl ein Schulbetrieb angeschlossen, doch Eintritt schon mit Beginn des Volksschulalters hatte man nicht vorgesehen. Auch sah man für die Verwirklichung der Ideen Grossmanns bedeutende finanzielle Probleme, vor allem die gesamtkünstlerische Ausrichtung schien den Nachschub für die Sängerknaben selbst nicht unbedingt zu gewährleisten. Wenn auch Ferdinand Grossmann überzeugt war, daß eine Förderung aller Talente die Gesangsausbildung selbst bereichern würde, mußte man doch auf die Aufrechterhaltung des weitverzweigten Betriebes „Wiener Sängerknaben" Bedacht nehmen. In der Schule müßten in den allgemein menschlich geförderten Buben richtige Sängerknaben heranwachsen, möglichst 30 pro Jahr, damit für die in der Mutation ausscheidenden stets der entsprechende Nachwuchs nachrücken könnte.

Der Anschluß der Künstlerischen Volksschule an das Institut der Wiener Sängerknaben war nicht ideal, weil im Grunde zu verschiedenartige Interessen unter einen Hut gebracht werden mußten. Dennoch war zu dieser Zeit eine Realisierung der faszinierenden Idee Ferdinand Grossmanns nur durch die Finanzierung bei den Wiener Sängerknaben möglich, und die Wiener Sängerknaben verdanken Ferdinand Grossmann die Schaffung einer institutseigenen Volksschule, seit deren Gründung sie ihrer Nachwuchssorgen enthoben sind. Es gibt nun wieder genug Buben, die sich um Eintritt bei den Wiener Sängerknaben bewerben, was vor 20 Jahren für die Zukunft keineswegs gesichert war. Sie werden nun, in abgeänderter Weiterführung der Grossmannschen Gründung, ab der 3. Volksschulklasse im Augarten unterrichtet, denn ab diesem Alter sind sie in ihrer stimmlichen Entwicklung testbar und auf Eignung für den Knabenchor zu überprüfen.

Grossmanns Idee war freilich weiterreichend gewesen. Es ging ihm zwar um künstlerische Kinder, doch nicht so sehr um Nachwuchs für eine spezifische Institution. Seiner Meinung nach gab es ohnedies keine unmusikalischen, bloß musikalisch vernachlässigte Kinder. Er hätte sogar gerne ausprobiert, ob sich absolutes Gehör nicht anerziehen ließe. In jedem Fall wollte er Kindern so früh wie möglich jede Förderung angedeihen lassen, bevor ihre Anlagen verschüttet und die vielseitigen Interessen abgewürgt wären.

Ab 1968 gab es bei den Wiener Sängerknaben eine „Künstlerische Volksschule", die Institution unter Dr. Tautschnig hatte eine Umsetzung von Ferdinand Grossmanns großem Traum ermöglicht. Mit einer ersten Volksschulklasse wurde der Schulversuch gestartet, für alle Beteiligten eine große Herausforderung. Alles war neu, es gab keine Erfahrungen, an denen man sich hätte orientieren können. Zwar hatte sich Ferdinand Grossmann mit den Konzepten Rudolf Steiners auseinandergesetzt, auch mit der Schule von Summerhill, doch blieben seine Versuche immer eigenständig. Auch ohne schriftliches Konzept, selbstverständlich ohne Drill und Zwang. Disziplin und Ausbildungsfortschritt erwuchsen aus der natürlichen Autorität — eine besondere Aufgabe für die Volksschullehrerinnen und Erzieherinnen, die Grossmann zu Beginn engagiert hatte. Sie mußten mit voller Überzeugung bei der Sache sein. An sich eine selbstverständliche Anforderung an Lehrpersonen, doch unser Schulsystem krankt außer am Konzept vor allem auch an den Mängeln der Lehrenden, am Fehlen von pädagogischem Geschick, am Fehlen von Begeisterung, am Fehlen von Motivationskraft.

Grossmann hatte seine Lehrerinnen und Lehrer mit Bedacht gewählt. Sie waren musikalisch ausgebildet und hatten Interesse, Interesse an Kindern, Interesse am Neuen, waren offen für die Welt und bereit, diese Offenheit zu vermitteln. Ferdinand Grossmann selbst riß, wieder einmal, durch seine Begeisterung alle Beteiligten mit. Er war in der Zwischenzeit 81 Jahre alt geworden und nach wie vor in der Früh stets als erster in der Schule. Er sang viel mit den Kindern, schulte ihre Stimmen, befreite ihren Atem und beobachtete dann, wie sie malten, töpferten, Stehgreifspiele erfanden, tanzten oder sonstwie mehr oder minder geregelt in Bewegung waren, selbstverständlich hatten sie auch dem Lehrziel der ersten „normalen" Volksschulklasse nachzueifern — ohne Klassenbuch, ohne Notenbeurteilung —, außerdem wurde jedes der Kinder dazu angehalten, ein Instrument zu spielen. Sie taten es gerne, weil sie durften, nicht mußten.

Zu Ende des Schuljahres legten die Kinder eine öffentliche Prüfung ab, um den Lernerfolg, entsprechend der 1. Volksschulklasse, nachzuweisen — das empfand Grossmann zwar auch als Zwang, es war aber vom Schulgesetz vorgeschrieben, um den Ausbildungsstandard zu gewährleisten. Zu Ende dieses selben Schuljahres wurde aber auch eine Ausstellung veranstaltet, in der die Kinder die mannigfaltigen Früchte ihrer Talente präsentierten und auch für die musikalische Umrahmung sorgten. Die Presse vermerkte, daß „Ferdinand Grossmann Musikpädagogen und Experten, die ins Josefstöckl im Augarten gekommen waren, um sich von den Fortschritten zu überzeugen, die die erste Klasse der Künstlerischen Volksschule zu bieten hat, mit einer eindrucksvollen Vorführung überrascht" hätte. „Grossmanns liebevolle Form der Kindererziehung" zeitige bereits „merkbare Resultate", hieß es weiter, und sie habe aus den Kindern „keineswegs verwöhnte Musterschüler, sondern nur eben besonders aufgeweckte Buben" gemacht.

Es schien ein erfolgversprechendes Unternehmen zu werden, wenn auch die Anfänge keineswegs unproblematisch waren, mangels anderweitiger Erfahrungen aus den eigenen gelernt werden mußte und schlicht Zeit für die Entwicklung benötigt wurde. Im zweiten Schuljahr, 1969/70, ging es schon besser, da konnten die Lehrer schon spontan reagieren — das war ja am Beispiel Grossmanns am besten zu lernen! —, da waren die Eltern schon eher bereit zu akzeptieren, daß Schule kein abgegrenzter Bezirk, sondern Teil des Lebens und ein Zusammenwirken mit dem Elternhaus einfach unumgänglich notwendig war.

Freilich, diese Art Schule verlangte Idealismus von allen Beteiligten: von den Lehrern, die in ihrer Berufung — das war nicht bloß Beruf! — aufzugehen hatten und alles, was man Privatleben zu nennen gewohnt ist, in das Gesamte integrieren mußten; von den Eltern, die ihr Leben aus der Heranbildung der Kinder neu zu gestalten hatten; von der finanzierenden Institution, die auf Prinzipien zu verzichten und sie der genialen Idee unterzuordnen hatte: Im Ideal der Musischen Gemeinschaft gäbe es auch keine Trennung mehr, da würden Eltern, Lehrer und Kinder wahrhaft in einer „Gemeinschaft" zusammengeführt. Idealismus wurde selbstverständlich auch von Ferdinand Grossmann selbst gefordert, aber für ihn war diese Herausforderung vom ersten Tag des Schulversuches an zum Angelpunkt seines Lebens geworden: Es gibt eine Reihe von Leuten, die erklären, Ferdinand Grossmann nie zuvor so glücklich gesehen zu haben wie in dieser seiner Schule, mit diesen Kindern, die er zu ganzen Menschen in der vollen kaum abzuschätzenden Bedeutung des Wortes heranzuführen gedachte. Welche Möglichkeiten für diese unsere Welt in Grossmanns pädagogischen Ideen verborgen liegen, können wir wohl nur erahnen.

Die Vision der „Musischen Gemeinschaft" begleitete Ferdinand Grossmann bis ans Krankenbett. Im Sommer 1970 konnte er zwar noch Stimmbildungskurse beim Symposion des Institute of European Studies leiten, doch über die Erfolge des 3. Schuljahres seiner Künstlerischen Volksschule — da man, wie das Lehrpersonal erklärte, die Früchte dessen, was Ferdinand Grossmann gesät hatte, bereits zu ernten beginnen konnte — mußte er sich im Spital berichten lassen. Ein Krebsleiden, dessen er zehn Jahre zuvor nach einer Operation mittels seiner ungeheuren Genesungskräfte Herr geworden war, hatte wieder Besitz von ihm ergriffen. Mit seiner Idee der Künstlerischen Volksschule aber, so durfte er erfahren, ging es zweifellos vorwärts. Man müßte sie wohl auf eine breitere Basis stellen, im Grunde sollten alle Kinder in diesem Sinne unterrichtet werden, alle Menschen alle ihre Talente frei entfalten können. Eine faszinierende Vision — und eine Forderung an die Zukunft.

In der Künstlerischen Volksschule bei den Wiener Sängerknaben hingegen begann man bald, Ferdinand Grossmanns natürliche Autorität, seine Begeisterungsfähigkeit und aufbauende Motivationskraft zu vermissen. Er fehlte, und als er nicht mehr war, wurde der Schulversuch eingestellt.

Man sollte sich dieses Versuches erinnern. Ferdinand Grossmann hat hier eine Richtung gewiesen, die zu verfolgen eine große Chance für uns bedeutete — auf diesem Grundstein müßte man weiterbauen. Seine Idee hat er uns hinterlassen, und sie ist durchaus als Verpflichtung zu verstehen.

Ferdinand Grossmann starb am 5. Dezember 1970 nach schwerer Krankheit im Wiener Allgemeinen Krankenhaus. Er wurde am 11. Dezember in einem Ehrengrab der Stadt Wien auf dem Zentralfriedhof beigesetzt.

„Siehe, ich sage euch ein Geheimnis: Erschallen wird die Posaune, und die Toten werden unverweslich auferstehen und werden verwandelt werden." Paulus' Worte aus dem Ersten Korintherbrief standen auf dem Partezettel. Ferdinand Grossmann war gläubig gewesen, nicht unbedingt kirchlich gebunden, aber tief religiös in seiner Bewunderung der Mysterien der Schöpfung. Tod würde niemals ein Ende sein. Nicht für die Erinnerung derer, die miterleben durften, nicht für die Gedanken, Ziele, Lehren, Träume, die weiterwirken können. Ein Lehrer, ein Freund, ein Vater, ein Liebender hört niemals auf.

Schriften zu Stimmbildung und Chorerziehung

Originalmanuskripte von Ferdinand Grossmann

Die Elemente des Singens (Fundaments of Singing)

Es gibt viele Methoden, welche von den verschiedenen Stimmbildnern angewendet werden, teilweise solche, welche durch eigene Erfahrung gefunden wurden, noch häufiger aber solche, die aus Büchern erworben wurden.

Jede Methode hat unter bestimmten organischen Voraussetzungen im Bau des Gesangsapparates des Schülers ihre gute Seite und bringt den Schüler wenigstens am Beginn des Studiums im bewußten Gebrauch der Stimme ein Stück vorwärts. Die unendliche Verschiedenheit der individuellen ursprünglichen Gewohnheiten, die Verschiedenartigkeit im organischen Bau des Gesangsapparates und nicht zuletzt auch die geistige Konstitution des Schülers, sein Charakter und sein Temperament bringen es mit sich, daß jeder Unterricht, der starr an einer Methode festhält, früher oder später auf funktionelle Hindernisse stoßen muß.

In Wahrheit gibt es jedoch kein organisches Hindernis, welches, bei richtiger Diagnose der Ursache in der Muskelmechanik und bei richtiger Beeinflussung jener unbotmäßigen oder durch Verkrampfung behinderten Organe, physische und seelische Gesundheit vorausgesetzt, durch Zähigkeit des Lehrers und Willenskraft des Schülers nicht beseitigt werden könnte.

Demnach kommen wir zu dem Schluß, daß jeder Mensch, der über eine brauchbare Sprechstimme verfügt, dieselbe auch zum Singen verwenden kann. Die Qualität der Technik des Singens, abgesehen von den psychischen Anlagen und von den musikalischen Voraussetzungen, hängt ab

a) von dem Bau des Gesangsapparates,

b) von der Art des Gebrauches und Ausbaues desselben.

Der Bau des Gesangsapparates ist naturgegeben und kann nur entweder günstig oder ungünstig beeinflußt werden durch die Art des Gebrauches. Sind störende Anormalitäten vorhanden, so hat sich in der Regel der Laryngologe damit zu beschäftigen und soll ein Stimmbildungsunterricht erst dann einsetzen, wenn der Arzt die Zeit hiefür reif findet.

Die Art des Gebrauches des Gesangsapparates kann von Natur aus gut sein oder in der Schulung durch Entwicklung neuer Kräfte bzw. durch Hinwegräumen von Hindernissen positiv beeinflußt werden.

Die Stimmbildung hat daher die Aufgabe, den richtigen Gebrauch des Gesangsapparates sicherzustellen, um die Stimme zur höchsten möglichen Leistung zu bringen.

Wenn wir von Stimmbildung sprechen, interessiert uns zunächst die Frage, wie ein Gesangston entsteht:

Die eingeatmete Luft wird durch den Atemapparat an die Stimmlippen herangebracht, die dadurch in Schwingungen geraten, welche der ober und unter der Kehle liegenden Luftsäule mitgeteilt werden und so einen Ton erzeugen. Die Höhe des Tones hängt von der Schwingungszahl, die Stärke von der Kraft des an die Stimmlippen anstoßenden Luftstromes und von der Größe und Dicke der Stimmlippen selbst ab, und die Klanggestaltung ist ein Ergebnis der Beschaffenheit des Ansatzrohres (d. i. die Summe aller Hohlräume des Rachens, des Mundes, des Kopfes, der Nase und ihrer Nebenhöhlen) und der Ausnützung dieser Resonanzräume.

An der Tonerzeugung sind also beteiligt:

a) Atemwerkzeug
b) Kehle
c) Ansatzrohr.

Die Arbeit des Lehrers umfaßt sonach drei wichtige Teilgebiete, die aber immer in Wechselbeziehung zueinander stehen und hinter denen als kräftiger Initiator die gestaltende Macht des Seelischen stehen muß, um letzten Endes zu künstlerischen Leistungen gelangen zu können. Diese Teilgebiete sind:

a) Atmung (Stütze, Ansatz)
b) Bewußte Einstellung der Kehle (offene, fixierte Kehle)
c) Ausnützung der Resonanzräume (Registerausgleich).

Das Ziel dieser Arbeit ist die Gewinnung der „Voix mixte“ durch Fundamentierung, richtige Dosierung der Brust- und Kopfstimme und durch Registerausgleich, um eine möglichst schlackenlose gesangliche Äußerung eines persönlichen Empfindungslebens als höchstes Ziel zu erreichen.

Der Arbeitsvorgang des Gesanglehrers umfaßt die Prüfung des Schülers hinsichtlich der vorhandenen Anlagen und an Hand dieses Ergebnisses die Wahl des Weges zur Behebung der festgestellten Mängel und zum positiven Ausbau der vorhandenen, bei der Stimmprüfung beobachteten günstigen Anlagen.

Die Diagnose der Stimme und der psychischen Eigenschaften des Schülers sind wohl die erste und wichtigste Aufgabe des Lehrers, sie kann aber noch kein abschließendes Urteil ergeben, und erst nach längerer gründlicher Beobachtung wird der Lehrer imstande sein, sich ein klares Bild von den Anlagen des Schülers zu machen. Immerhin aber wird die erste Prüfung schon die wesentlichsten Merkmale zeigen und gröbste Fehler aufdecken. Von den mannigfachsten Erscheinungsformen der Schüleranlagen wollen wir hier die am häufigsten vorkommenden Typen näher betrachten:

1. Die Stimme ist dünn, klanglos, infantil — es fehlt das Fundament der Stimme.
2. Die Tongebung ist durchluftet, heiser, klangarm — die Balance zwischen Atemdruck und Stimmbandspannung ist nicht hergestellt.
3. Das Gesangsorgan zeigt sich zu dunkel und etwas derb — die Kopfstimme muß geweckt werden.

Selbstverständlich sind die obgenannten Typen selten rein anzutreffen, sondern man hat es meistens mit Mischungen derselben zu tun. Für alle diese Typen ist aber folgende Arbeit unerläßlich:

a) Die einwandfreie Bildung der Vokale (a, o, u, e, i) in der richtigen Formung, ohne Störungen durch Zunge, Kiefer, etc. Im Deutschen müssen außerdem die besonders für Ausländer schwierigen Trüblaute (ä, ö, ü) behandelt werden. Im Französischen machen die Nasallaute (an, en, on, in) wegen der dabei oft zu beobachtenden Hochstellung des Kehlkopfes viele Schwierigkeiten.
b) Die Bildung der Konsonanten, ohne die Stellung des Ansatzrohres ungünstig zu beeinflussen.
c) Die Verbindung von Konsonanten mit Vokalen, ohne unzweckmäßige Bewegungen mit dem Ziel der „Legatoverbindung".

Die Grundarbeit aber gilt der Atmung. Nur in den seltensten Fällen haben die Anfänger von Natur aus eine für das Singen brauchbare Atmungsart. Diese, so hat es die langjährige Erfahrung vieler Gesangslehrer ergeben, ist die kombinierte Zwerchfell-Flanken-Atmung, allgemein „Tiefatmung" genannt (kosto-abdominal). Dabei wölbt sich die Bauchdecke vor, die Flanken dehnen sich seitlich auswärts und die Dehnung strahlt noch in den Rücken bis unter die Schulterblätter aus. Wenn wir bei vollkommener Entspannung in frischer Luft, z. B. in einem Nadelwald oder auf einer blühenden Wiese, förmlich riechend die Luft einsaugen, so atmen wir in der für den Gesang geforderten Atmungsform ein. Von dieser ganz natürlichen Vorstellung ausgehend, wird der Schüler rasch zur richtigen Atmung gebracht. In hartnäckigen Fällen, bei Verkrampfung des Schultergürtels z. B., hilft die Vorstellung des Einatmens mit Schnuppern (so, wie wenn man feststellen wollte, ob im Zimmer jemand geraucht hat) sehr oft zur Spürbarmachung der Arbeit des Zwerchfelles und der Muskeln des untersten Teiles des Brustkorbes. Ist auf diese Weise das Gefühl für richtiges Einatmen geweckt worden (ein Einatmen ohne falsche Aktivität, wie übertrieben viel Luftmenge, Einatmungsgeräusche, etc.), so muß der Schüler lernen, langsam und ohne Stoß sparsam auszuatmen und dabei die bei der Einatmung erreichte Ausdehnung des oberen Teiles des Brustkorbes möglichst lang beizubehalten, wobei aber Schlüsselbein und Schulterblätter lose hängen bleiben müssen (Vorstellung eines Kleiderständers, aus Brustkasten und Wirbelsäule gebildet, über den alles Übrige wie ein Mantel locker gehängt wird).

Am leichtesten gelingt die Kontrolle der Ausatmung auf den Konsonanten „f" und „s".

Innig mit der Ausatmung hängt der Ton-Ansatz zusammen. Wir unterscheiden den harten Glottisansatz, der einem Hustengeräusch ähnlich ist und durch explosives Sprengen des gänzlichen Stimmlippenverschlusses durch die Atemsäule entsteht, ferner den hauchigen Ansatz, bei dem die Stimmritze weit geöffnet ist, weshalb sehr viel Luft durchströmt und der daraus resultierende Ton kraft- und klanglos erscheint. Für das Singen aber ist der weiche Ansatz einzig und allein geeignet, bei welchem der Stimmbandverschluß elastisch ist und der anschlagende Atemstrom relativ wenig Kraft benötigt, um die Stimmbänder in Schwingung zu versetzen.

Nun muß der Lehrer den für den Schüler günstigsten Vokal für den Tonansatz ausfindig machen. In sehr vielen Fällen ist der Vokal „u" für den Anfang besonders geeignet, weil der die tiefe Stellung des Kehlkopfes fördert und die Kopfresonanzen weckt. Gute Dienste kann dabei dem Schüler die Vorstellung leisten, wie man nach einer ermüdenden Arbeit entspannend aus der Tiefe erlösend seufzt. Wenn der Schüler bei diesem Seufzer die Lippen spitzt (Form eines Rüssels oder einer Schnauze), so erzeugt er einen brauchbaren Vokal „u". Die Zunge liegt dabei vollkommen entspannt im Unterkieferbett und die Ränder der Zunge berühren die Innenseite aller Zähne des Unterkiefers. Schon jetzt sei gesagt, daß diese Stellung und Lage der Zunge bei den Vokalen u, o und a gleich bleibt. Bei allen Ansatzübungen ist der Schüler zu verhalten, daß er nach der Einatmung sich innerlich für den zu singenden Vokal vorbereitet, indem er für diesen die Mundform bildet und sich auch den Ton in seiner Tonhöhe und Klangqualität genau vorstellt, also einem vorgestellten Klangideal nachzustreben hat.

Vom „u" gelangt man zum „o", indem die Mundöffnung durch sanftes Senken des Unterkiefers etwas vergrößert wird, weiter zum „a" durch abermalige Erweiterung der Mundöffnung. Der Schüler muß aber angehalten werden, die beim „u" spürbaren Vibrationen am Nasengrund und am Kopf auch in das „o" und „a" hinüberzunehmen. Sehr häufig wird speziell beim „a" ein stark fühlbarer Abbau oder gar gänzlicher Verlust der Vibrationen eintreten, dem aber auf folgende Weise begegnet werden kann: Während die Zungenspitze an den unteren Schneidezähnen liegt, schieben sich die Ränder des Mittelteiles der Zunge nahe an die vordersten Backenzähne des Oberkiefers, wodurch die Resonanzen (Vibrationen) beim „a" leichter zu behalten sind.

Aus dem „a" wird ein „e", indem der Zungenrücken im vordersten Drittel sich in der Richtung gegen die oberen

Schneidezähne vorschiebt, wobei aber die Zungenspitze an den unteren Schneidezähnen liegen bleiben muß. Die Mundwinkel gehen dabei auseinander (lächeln!).

Aus dem „e“ wird ein „i“ durch Verkleinerung der Mundöffnung, indem der Unterkiefer eine kleine Bewegung aufwärts macht; die Mundhaltung des Lächelns bleibt.

Bei allem Vokalwechsel ist stets besonders darauf zu achten, daß das Ansatzrohr von den Bewegungen der Lippen, der Zunge und des Kiefers vollständig unbeeinflußt bleibt. Es empfiehlt sich daher, den Übergang von einem Vokal zum andern mit einem Minimum an Bewegung zu machen, wodurch der Vokalausgleich wirksam angebahnt wird. Der Kehlraum muß immer weit sein (Gähngefühl). Der Luftstrom darf während des Überganges von einem Vokal zum andern nicht in seiner Intensität verändert werden. Es muß überhaupt angestrebt werden, das Gefühl zu erlangen, daß der Vokalwechsel ohne die geringste Veränderung im Ansatzrohr sowie im Atembezirk, also quasi an der Peripherie des Tones, nur durch die Bewegungen der Lippen, des Kiefers und des vordersten Teiles der Zunge vor sich geht.

Im Deutschen wären dann noch die Trüblaute ü, ö und ä zu entwickeln. Aus „u“ wird „ü“, aus „o“ — „ö“ und aus „a“ — „ä“, indem die Zunge dieselbe Bewegung macht, wie wir sie beim Entwickeln des „e“ aus dem „a“ kennengelernt haben.

Die deutschen Zwielaute (Diphtonge): „ei“ und „ai“ bestehen aus einem „a“, dem durch Vorschieben des Zungenrückens bei stillstehender Zungenspitze ein „e“ angehängt wird. „au“ besteht aus „a“, das durch Zusammenziehen des Lippenringes in „o“ verwandelt wird und „äu“ sowie „eu“ besteht aus einem dunkel gefärbten „a“ mit nachfolgendem „ö“ (Zusammenziehung des Lippenringes und „e“-Stellung der Zunge.

Die französischen Nasallaute „en, an, on“ und „in“ bergen die Gefahr der Verengung der Kehle (hochgestellter Kehlkopf) und im Nasenraum (näseln) in sich und bedürfen der größten Aufmerksamkeit des Lehrers, der gegen jede Muskelverkrampfung und Verengung am besten dadurch ankämpft, daß er in dem Schüler die Vorstellung erweckt, der Nasallaut habe seine Wurzel am tiefsten Punkt des Atmungsbereiches, also im Zwerchfell, am gleichen Punkt, wo wir den Seufzer der Müdigkeit fanden (Fundament). Bei richtiger Bildung sind die französischen Nasallaute wertvolle Hilfen für die Weckung und den Aufbau der hohen Vorderresonanzen im Kopf.

Alle Vokale müssen in ihren beiden Klangformen geübt werden und zwar in der geschlossenen und in der offenen Form, wobei darauf zu achten ist, daß die geschlossene Form den Ton nicht verengen und die offene Form ihn nicht roh und hohl erklingen lassen darf. Gute Resultate erzielt man mit Übungen des Überganges von der offenen in die geschlossene Form eines Vokales und umgekehrt auf gleichbleibender Tonhöhe ohne die geringste Änderung im Ansatzrohr. Damit werden auch die beiden Vokalfarben (hell und dunkel) gefunden, welche für eine ausdrucksvolle Interpretation von höchster Bedeutung sind.

Die deutschen Klinger „m, n, ng, l, w, j" sind stimmhafte Konsonanten und als solche wertvoll für die Weckung der Resonanzen. Beim „m" darf kein Kieferschluß sein, d. h. der Unterkiefer muß locker gehalten werden (langes Gesicht machen!), die Zunge liegt locker, und der Kehlkopf ist tief gestellt. Das „n" entsteht durch Berührung der Zungenspitze am Grund der oberen Schneidezähne. Die Zungenspitze schaut dabei nach unten, während sie beim „l" ‚bei sonst gleicher Haltung' nach oben schaut und ein wenig am harten Gaumen zurückgezogen wird. Beim „ng" (wie beim englischen „king") steht die Zungenspitze am Grund der unteren Schneidezähne, während der Zungenrücken sich an das hintere Ende des harten Gaumens legt, die vordere Mundhöhle dadurch ganz abschließend. Das „j" entsteht aus dem „i", indem der Raum zwischen Zungenrücken und hartem Gaumen durch Hochheben des Zungenrückens derart verengt wird, daß der Luftstrom durch den entstehenden schmalen Spalt durchgezwängt werden muß.

Wenn sich die Unterlippe an den Rand der oberen Schneidezähne leicht anlegt und der Tonstrom durchgeführt wird, so entsteht das „w" (englisch „v"). Es fördert die Tiefenresonanzen besonders.

Alle Klinger aber bergen viele Gefahren in sich, weil

leicht Verkrampfungen in der Kehle entstehen, und es bedarf langer Übung, bis der Klinger bei offener Kehle, also ohne Nebengeräusch in der Kehle, mit tiefer Fundierung gesungen werden kann. Dann aber sind „n" für die Maskenresonanz, „m" für die Tiefenresonanz (Kehle und Brust) und „ng" für die Nackenresonanz wertvolle Hilfen.

Schwierigkeiten ergeben sich häufig beim Erarbeiten der Verschlußlaute „d, t; g, k; b, p", die bei richtiger Ausführung den Tonansatz günstigst beeinflussen können. Bei allen Verschlußlauten entsteht im Moment ihrer Erzeugung eine Stauung der hinter dem Verschluß liegenden Luftsäule (bei b, p Lippenverschluß, bei den übrigen Zunge-Gaumenverschluß). Wird dann der Verschluß durch die hindurchdrängende Luftsäule gesprengt, so muß getrachtet werden, das Fundament der Luftsäule zu spüren, damit keine Reibegeräusche in der Kehle entstehen, es muß also die Sprengungsrichtung auch die tiefste Wurzel des Tones berühren.

Im Deutschen blieben noch die Konsonanten v und f, welche dem „w" gleichen, jetzt aber stimmlos sind und mit stärkerem Luftstrom erzeugt werden als dieses, ferner „qu" als Kompositum von k und w, „x" ... k und s und schließlich „z" ... t und s.

Das deutsche „r" entsteht durch Vibration der Zungenspitze am vordersten harten Gaumen und ist stimmlos, wogegen das „s" im Deutschen stimmlos oder auch stimmhaft sein kann und bei einer Zungenhaltung ähnlich wie beim „n" jedoch die Zungenspitze etwas tiefer gegen die oberen Schneidezähne heran und mit einem winzigen Zwischenraum zwischen Zungenspitze und Schneidezähnegrund, durch den die Luft zischt. Ist dieses Zischen mit einem in der Kehle erzeugten Ton verbunden, so haben wir das stimmhafte „s" erreicht.

Das „ch" (als „ich"-Laut, entsteht aus einem „k", wenn der Verschluß aus Zunge—harter Gaumen nicht vollständig ist, so daß die Luft mit Reibegeräusch durchströmen kann. Liegt der Verschluß weiter rückwärts am weichen Gaumen, so entsteht das „ch" als „ach"-laut.

Bei der Verbindung der Konsonanten mit den Vokalen zur Bildung von Wörtern ist im Gesang das oberste Prinzip, den Vokal so lange als möglich klingen zu lassen und die Konsonanten im Inneren des Wortes so spät als möglich zu bringen. Dadurch erzielt der Sänger ein Legato und bekommt selbst den Eindruck, als würden die Konsonanten gleichsam auf der Vokallinie „aufgefädelt", ohne die Klarheit der Artikulation und dadurch die Verständlichkeit des Textes zu stören. Das Ideal ist eine möglichste Klarheit der Sprache bei sparsamsten Artikulationsbewegungen, wodurch der Resonanzreichtum erhalten bleibt, mit anderen Worten, die Einstellung und Weitung des Gesangsapparates möglichst ungestört bleibt.

Nun wollen wir die Stimmlippen und deren Arbeit noch näher betrachten. Es gibt zwei Schwingungsformen der Stimmlippen, ihre Vollschwingung und ihre Randschwingung. Die verschiedenen Resonanzmöglichkeiten ergeben sich als Folge dieser beiden Schwingungsformen, und zwar begünstigt die Randschwingung die Kopfresonanzen, während die Vollschwingungen mehr die tiefliegenden Brustresonanzen wecken. Es sei aber jetzt schon nachdrücklich bemerkt, daß jeder Ton, auch der tiefste!, Kopfresonanzen enthalten muß, um wirklich schön klingen zu können und modulationsfähig zu sein.

Für den Gesang sind die verschiedensten Grade der Durchmischung beider Schwingungsformen notwendig, und jeder gut gebildete Gesangston ist ein Kompositum beider Schwingungsformen. Die reibungslose Vermischung von Randschwingung mit Vollschwingung und umgekehrt auf ein und demselben Ton mit einem Atemstrom ergibt einen Schwellton, d. i. Crescendo und Diminuendo. Die Vermehrung der Vollschwingungen beim Herabsteigen von der Höhe in die Tiefe (Skalen), bzw. der Übergang von vorwiegend Vollschwingungen (Bruststimme) in die zarte, lockere Kopfstimme (Betonung der Randschwingungen) beim Aufwärtssingen von der Tiefe zur Höhe, müssen mit eisernem Fleiße geübt werden und stellen eine der wichtigsten Arbeiten im Gesangsunterricht dar.

Damit sind wir aber bei einem der notwendigsten Faktoren für das reibungslose Gelingen der Verschmelzung von Rand- und Vollschwingung angelangt, nämlich bei der

„Stütze". Die zur Tongebung geschlossene Stimmritze sperrt den Weg für die Luft nach oben zu ab, die Kraft der Atemmuskeln will andererseits die Luft heraustreiben. Dadurch wird die Luft in der Lunge und in den Bronchien unter Druck gesetzt, und die Stimmlippen geraten unter diesem Druck in Schwingungen, wodurch der entstehende Ton sich quasi auf die geballte Luft „stützt". Wird dieser Ton plötzlich beendet, so fühlt der Sänger ein kurzes „Nachächzen". Zur Erklärung des Begriffes „Nachächzen" oder gleich „Abstützen" stelle man sich vor, jemand sitzt in der Badewanne und singt auf einem Ton „hay" (deutsch: „he"), plötzlich trifft ihn unerwartet auf den nackten Rücken ein kalter Wassertropfen. Die Art, wie dadurch der Ton beendet wird, gleicht vollkommen dem „Abstützen" oder „Nachächzen". Wird ein Ton richtig abgestützt, so fühlt man eine elastische Rückbewegung des Zwerchfelles nach dem „Ächzen", welche einer ganz kurzen *passiven* Einatmungsbewegung gleichkommt. Übungen wie folgende können beim Erarbeiten des Gefühles für Stütze gute Dienste leisten: Rasch nacheinander mehrmals mit dem Ausdruck des Vorwurfes drohend rufen und den hohen Ton jäh abreißen.

Hat der Schüler das Gefühl für Atmung, Ansatz und Stütze erworben, so setzt die eigentliche Arbeit am Registerausgleich und die vorsichtige Erweiterung des Stimmumfanges ein. Die Stärkegrade sind ebenfalls in der Hauptsache eine Registerangelegenheit. Beim Crescendo hilft dem Schüler die Vorstellung, er bewirkt das Crescendo durch Ausdehnung des Brustkorbes, also ohne Luftnachschub. Wird im Crescendo aber noch immer gepreßt, so leistet ein kurzes Ausatmen vor Beginn der Übung mitunter wunderbare Hilfe, weil eben für das Nachschieben zu wenig Luft vorhanden ist. Der Schüler muß das Gefühl bekommen, daß er im Crescendo förmlich den Ton an sich zieht, ihn einsaugt. Gegen zu engen Kehlkopf hilft oft die Bewegung des Erstaunens.

Das echte schwebende Piano in allen Lagen, von der äußersten Tiefe bis zur höchsten Höhe, ist Randschwingungsfunktion, passive Stimmbandspannung, darf aber nicht isoliert werden, sondern muß stets für die Vermischung zur Mittelstimme bereitgestellt werden, bei welcher neben den passiven auch die aktiven Stimmbandspannungen eingesetzt werden. Das Forte der Frauen- und der Männerstimmen oberhalb des eingestrichenen f gehört der Mittelstimme an. Sie tritt am deutlichsten im Mezzoforte ein und zeichnet sich durch Leuchtkraft und Metall im Ton sowie durch Vibrationsempfindungen in der Maske (Vorderkopfgebiet) aus. Durch die Beimischung von Kopfstimme gewinnt sie an Rundung. „I" und „e" sind ihre typischen Vokale, die den Vordersitz begünstigen. Stets muß aber neben der Forderung nach Vordersitz auf die innere Weite des Nasen-Rachenraumes größtes Gewicht gelegt werden, damit die Mittelstimme nicht isoliert werde, was überhelle spröde Töne zur Folge hätte.

Die Bruststimme (Vollschwingungsfunktion der ganzen Stimmbandmuskulatur) ist Träger des Forte und Fortissimo unter dem eingestrichenen f, darf aber, wie schon früher erwähnt, niemals ungemischt verwendet werden und muß immer Randstimme enthalten. Beim Abschwellen (Diminuendo) geht der ideale Ton jedes Registers in die Kopfstimme über, und zwar ohne „Knacks", weil schon zu Beginn dieses Tones die Kopfstimme in ihm enthalten sein mußte. Kopfstimme darf aber nie mit der Fistel der Männer verwechselt werden. Fistel ist unvermischbar und entbehrt gänzlich des Fundamentes, ist daher eigentlich nicht schwellbar und durch ihren abstoßend weibischen Klang gekennzeichnet. (Damenstimmenimitatoren der Cabaretts!)

Der Erfolg des Unterrichtes aber hängt in erster Linie von der Stärke der Persönlichkeit des Lehrers ab. Er muß sein Ohr dazu erzogen haben, auch die unscheinbarsten Veränderungen am Klang einer Stimme wahrzunehmen, sozusagen analysierend die Funktion des Gesangsapparates zu erkennen. Das Nachahmungsvermögen des Lehrers soll besonders gut entwickelt sein, damit er dem Schüler dessen stimmtechnische Mängel vorführen und dieselben vor den Ohren des Schülers korrigieren kann, um dadurch auch den Schüler allmählich zu bewußtem funktionellem Hören zu erziehen.

Die Kenntnis der physischen Gegebenheiten allein genügt jedoch beim Unterricht nicht, der Lehrer muß auch ein Künstler und ein Psychologe sein, um in die tiefsten seelischen Bezirke des Schülers blicken zu können. Er muß selbst mit einer an Fanatismus grenzenden Begeisterung am Singen interessiert sein, um den Schüler mit seiner eigenen Lebendigkeit zu höchsten Leistungen hinreißen zu können.

(Bisher unveröffentlichtes Manuskript Ferdinand Grossmanns im Privatbesitz von Mag. Uwe Christian Harrer)

Gedanken zur Chor-Stimmbildung

Während meiner jahrzehntelangen Lehrtätigkeit im In- und Ausland konnte ich immer wieder beobachten, daß dem Problem der Stimmschulung innerhalb der gesamten Chorerziehung eine Rolle zufällt, die in ihrer Wichtigkeit von den Chorleitern zum Teil erkannt wird: fest steht jedenfalls, daß jeder Chorerzieher sich ständig mit dem Phänomen der menschlichen Stimme konfrontiert sieht und daß er — sowohl aus künstlerischen Gründen als auch aus Gründen der Verantwortung, d. h. mit Rücksicht sowohl auf den Chorklang als auch auf die Gesundheit der Sänger — sich nicht gewissenhaft genug mit den Grundregeln der Stimmbildung vertraut machen kann.

Es steht also außer Frage, daß Stimmbildung im Rahmen der Chorerziehung nicht nur ratsam, sondern unerläßlich ist. Freilich kann dies nicht mit einem großen Chor, sondern nur in kleinen Gruppen — ich denke an Gruppen von höchstens acht Personen — geschehen. Ich möchte daher nicht von „chorischer Stimmbildung", sondern von „Stimmbildung für den Chor" sprechen. Im Gesamtchor würden sich technische Fehler und Mängel des einzelnen zu sehr der Kontrolle des Chorleiters entziehen; dennoch möchte ich sagen, daß jede Chorprobe gleichzeitig auch eine stimmtechnische Korrekturprobe sein sollte. Der Chorleiter wird in der Lage sein müssen, stimmtechnische Fehler wahrzunehmen und sie sofort zu korrigieren — auch wenn es nicht innerhalb eines aufbauenden Unterrichtes sein kann. Dies setzt natürlich voraus, daß die einzelnen Chormitglieder die Fachausdrücke, die dabei verwendet werden, an sich selbst erlebt haben, und das wiederum kann am besten im Einzelunterricht oder eben in kleinen Gruppen geschehen.

Der Chorleiter selbst muß demnach singen können oder zumindest die Probleme der Stimmbildung kennen. Man müßte als Chorleiter unbedingt soweit sein, im Rahmen der stimmtechnischen, physiologischen Begabung einen Ton erzeugen zu können, der vom stimmtechnischen Standpunkt aus einwandfrei ist.

Es ist wohl zu unterscheiden, ob Stimmbildung den Zweck verfolgt, den Sänger mit einer möglichst großen Stimme auf eine Opernbühne zu bringen, oder ob einfach eine einwandfreie Tongebung für das Chorsingen erreicht werden soll. Der Unterschied liegt darin, daß wohl beide, der zukünftige Solist der Oper wie auch das Mitglied des Chores, mit Voix mixte zu singen haben, d. h. lernen müssen, Kopfresonanzen und Brustresonanzen zu vermischen; das Volumen des Tones jedoch wird beim Chorsänger nicht so groß sein müssen wie bei einem Solisten. Der Chorsänger muß lernen, die Tonkraft bloß mit seinen Resonanzen zu erzeugen. Eine solche Stimme darf kein überstarkes Vibrato bekommen, das für den Chor nicht brauchbar ist, weil es eine Unsicherheit in der Klanggebung bewirkt. Das kann unter Umständen sogar bis zum Tremolo ausarten.

Sehr wichtig ist es bei der Stimmbildung, von den Kopfresonanzen ausgehend, in die Mittelstimme hinunterzugreifen. Die Mittelstimme muß gut ausgebildet sein, um eine schöne sichere Höhe zu bekommen, die auf der Mittelstimme sitzt. Eine rein brustige Stimme darf überhaupt nicht gelehrt und geübt werden, und bei den tiefsten Tönen — beim eingestrichenen d liegt meistens die Grenze — muß man besonders darauf achten, daß der Chorsänger nicht in einen rein brustigen Ton verfällt, wie das oft bei Altistinnen der Fall ist, denn das sind dann die Wurzeln des sogenannten „Loches“ in der Stimme.

Für die Praxis möchte ich die wesentlichsten Übungen im Rahmen der Chorerziehung erklären:

Das Wichtigste bei der Stimmbildung ist die richtige Atmung. Die Sänger müssen fühlen, daß nicht nur die Stimmbänder den Ton geben, sondern daß der Klang von der Luftsäule abhängt. Der Sänger muß soweit gebracht werden, daß er diese Luftsäule erzeugt, d. h. richtig atmet. Die Atmung ist also das Grundprinzip für die Stimmbildung!

Was ist richtiges Atmen?

Es ist so, als ob man an einer Blume riechen würde. Wenn man das macht, so spürt man, wie die Kehle ganz weit offen ist. Es ist ein wohliges, angenehmes Gefühl. Man spürt, daß der Atem förmlich hineinsinkt, wie ein Stein, der langsam den Grund des Meeres erreicht. Von diesem Punkt auf dem Grunde gehe ich aus. Und diesen Punkt fixiere ich dann so, daß er bewußt wird. Ich atme ein und versuche es, auf diesem Punkt zu seufzen. Man hat das Gefühl, ganz tief unten, unter dem Magen ist der Ansatzpunkt dieses Seufzers, die Kehle ist ganz weit offen. Auf dem Scheitel ist ein Vibrieren spürbar. Ebenso in den Flanken und am Rücken, die Luftsäule ist quasi „eingeschaltet". Ganz natürlicherweise geht der Kehlkopf von selber herunter. Es entsteht also oberhalb des Kehlkopfes eine größere Luftsäule, und wenn man auf den Scheitel greift, wird man genau spüren, wie sich die Intensität dieses Vibratos am Scheitel des Hauptes verändert, je nachdem, ob der Ton tief oder hoch ist. Wie die Kehle, so bewegen sich auch sämtliche anderen Teile des Sprechapparates, z. B. die Zunge. Bei ganz lockerem Unterkiefer muß die Zungenspitze bei allen Vokalen mit den unteren Schneidezähnen in Verbindung bleiben. Wenn das nicht der Fall ist, wird nämlich der Ton sofort mit dem Zurückziehen der Zunge verdickt und „knödelig". Aus dem vorhin erwähnten Seufzerton heraus entsteht eine Bewegung der Zunge ohne Bewegung des Kehlkopfes.

Wir sprechen von einer Wölbung der Zunge und von einer Geradelegung, so als ob man „e" und „a" sprechen würde. Das „e" ist gewölbt, und bei einem „a" soll die Zunge flach liegen.

Auch beim „o“ liegt die Zunge flach im Unterkiefer, also im Bett des Unterkiefers. Bei „i“ und „e“ wölbt sich die Zunge. Was ich früher aus dem „Seufzen“ entwickelt habe, kann ich jetzt auf die Tongebung anwenden. Ich kann das „Seufzen“ immer höher hinaufstellen, doch die Kehle darf nicht wesentlich in die Höhe gehen. Wenn der Kehlkopf hochsteigt, wird er immer enger, die Luftsäule somit verengt, der Ton wird „kratzig“.

Ein weiterer praktischer Hinweis: Wenn ich das Gefühl habe, ich staune, so öffnen sich in meinem Körper Hohlräume. Ich brauche nur zu atmen und dann zu staunen. Die Muskeln spannen sich, und man ist ungefähr in einem Zustand wie knapp vor dem Niesen. Das gibt die richtige Position für die Entwicklung eines Tones. Selbstverständlich bedarf das einer langen Schulung. Die meisten Menschen sind so verkrampft, daß man sie zuerst lösen muß, wie ich das eben mit dem Lösen der Zunge bei den Vokalen „a“ und „e“ erklärt habe. Ebenso muß man die Lockerung des Unterkiefers erreichen. Dies ist sehr wichtig, denn die meisten Menschen sprechen mit einem ziemlich steifen Unterkiefer und singen auch mit einem steifen Unterkiefer. Die Lockerung geschieht am leichtesten, in dem man „i“ und „e“ abwechseln läßt und auf ganz leichten, lockeren Unterkiefer achtet. Sehr wesentlich ist weiters die Entwicklung der Kopfresonanzen. Das tut man am besten mit dem Laut „ng“. Das „ng“ wird erzeugt, indem die Zunge, die wiederum mit ihrer Spitze an den Unterzähnen anliegt, an ihrer Wurzel in die Höhe gehoben wird. Der weiche Gaumen senkt sich, die Wurzel der Zunge geht in die Höhe, so daß der Mundraum sozusagen ausgeschaltet wird. Das „ng“ läßt die allerhöchsten Resonanzen ansprechen. Mit diesen Resonanzen muß man arbeiten, indem man mit „ng“ sowohl in die höchsten Höhen schleift als auch bis in die tiefsten Tiefen übt. So werden die Kopfresonanzen schon in die Region der Mittelstimme hereingezogen. Jetzt setzt man diese letzte Übung mit großem Crescendo nach unten fort. Dabei muß man immer darauf achten, daß die Stellung des Kehlkopfes nicht verändert wird. Er muß quasi stillstehen, ohne steif zu sein. Wird irgendein Nebengeräusch hörbar, so ist es das alarmierende Zeichen, daß sich die Stellung des Kehlkopfes geändert hat.

Das Verstärken der Töne ist das größte Problem der Sänger. Chorsänger, die nicht stimmbildnerisch geschult sind, verstärken einen Ton in der Kehle mit Luftnachschub anstatt mit Hilfe der Resonanzen, oder sie „knödeln". Bei dieser falschen Art der Tonverstärkung zieht sich der Bauch ein. Wer richtig singt, bei dem hebt sich während des Atmens der Bauch. Das ist sehr wichtig; durch diese Bewegung wird nämlich die Luftsäule komprimiert und kann nicht abfließen. Es kommt also keine Luft in den Ton, der Ton wird nicht hauchig. Bei der falschen umgekehrten Bewegung bleibt meistens gleichzeitig auch noch die Brust steif. Die Folgen sind dann eine falsche Intonation und die Unfähigkeit, einen solchen Ton ohne Bruch abzuschwellen. Diese Details zu erarbeiten, wird den Chorleiter viel Mühe kosten.

Ich möchte nun einige Fachausdrücke erklären. Man hört im Zusammenhang mit dem Singen immer wieder das Wort „Stütze".

Was versteht man unter „Stütze"?

Das Wort gibt, leider Gottes, Anlaß zu großen Mißverständnissen. Eine Stütze im Sinne der Architektur ist immer irgend etwas von unten nach oben Gestelltes. Hier handelt es sich nicht so sehr um eine Kraft, die nach unten oder nach oben drückt, sondern hier handelt es sich darum, die Luftsäule, die wir haben, nicht abfließen zu lassen. Stütze sollte heißen: Bewahrung der Spannung, die naturgemäß bei richtigem Einatmen erzeugt wird.

Welche Einflüsse hat die Stimmtechnik auf die Intonation? Ist die Intonation, die richtige Intonation, immer nur ein Ergebnis des richtigen Hörens oder sind hier auch stimmtechnische Einflüsse da, und können diese stimmtechnischen Effekte vom Ohr korrigiert werden? Schlechte Intonation kann selbstverständlich durch schlechtes musikalisches Hören hervorgerufen sein, aber sie kann auch rein stimmtechnischer Natur sein, und ich glaube, daß das der häufigere Anlaß von Intonationsfehlern ist. Wenn das Crescendo eines

Tones — und wir benützen doch bei allen Phrasen irgendein Crescendo oder Diminuendo — mit falschen Mitteln erzeugt wird, d. h. mit Luftdruck anstatt mit Ausnutzung der Resonanzräume, so besteht immer die Gefahr, daß der betreffende Ton zu tief wird. Ein Ton, der zu tief ist, kann aber korrigiert werden. Der Sänger kann ihn korrigieren, indem er mehr Kopfklang dazugibt, also die richtige Relation zwischen Kopfklang und Brustklang herstellt. Ist zu viel Brustklang da, so wird der Ton zu tief, ist zu viel Kopfklang da, so kann es passieren, daß der Ton zu hoch wird. Der hörende Sänger wird sofort spüren, wenn er falsch intoniert. Er wird dann etwas mehr von den Brustresonanzen oder Kopfresonanzen dazumischen und so auf die richtige Tonhöhe kommen.

Was versteht man unter „Messa di voce"?

Die höchste stimmtechnische Kunst liegt in dem „Messa di voce", d. h. im Anschwellen und Abschwellen eines Tones. Das Anschwellen geschieht, indem der Sänger sämtliche Klangräume einzuschalten versucht, quasi durch eine Bewegung des Staunens. Wenn man etwa staunt oder sich einstellt wie knapp vor dem Niesen, so spürt man, wie nicht nur im Kopf, sondern auch im ganzen Körper sich Weitungen ergeben, und diese Weitungen bewirken das Crescendo. Wenn man dann vollkommen stillsteht, baut sich die Klangstärke ganz von selber ab, aber der ganze Körper muß trachten, seine Luftsäule, die oben schwingt, nicht abfließen zu lassen, d. h. sie zu bewahren. Das ist wieder das, was man Stütze nennt.

Was ist der „Stimmübergang"?

Eine Sopranstimme beispielsweise kann von der hohen Lage her bis ungefähr zum zweigestrichenen d vorwiegend mit Kopfresonanzen geführt werden. Dann nehmen diese ab, verschwinden jedoch nicht ganz. Durch andere Schwingungsarten der Stimmbänder wird der Ton modifiziert. Dieser Übergang wirkt sich bei manchen Stimmen so schroff aus, daß man einen regelrechten Bruch oder „Knacks" hört. Diesen Mangel auszugleichen, ist eines der Hauptanliegen des Stimmbildners. Am leichtesten wird es mit Hilfe von Übungen gelingen, die die Stimme von der Kopfregion in die *Mittelregion* führen, z. B. mit der „ng"-Übung (s. o.). In der Kopfregion schwingen die Stimmbänder in erster Linie an den Rändern, in den Mittelstimmregionen ergreift die Schwingung auch die Mitte der Stimmbänder, und im Bereich der isolierten Bruststimme schwingt das Stimmband in seiner Gesamtheit, unter Auslassung der Randschwingungen. Im letzten Fall entsteht ein isolierter Brustton, der wie ein Blöken oder ein Heulen wirkt. Der Übergang liegt bei verschiedenen Stimmgattungen nicht immer an derselben Stelle, ja er ist sogar bei jedem Einzelindividuum verschieden. Aber man kann schon mit ziemlicher Sicherheit rechnen, daß bei den Frauen der Übergang zwischen reiner Kopfstimme und Mittelstimme um das zweigestrichene d liegt. Der Übergang zur Bruststimme liegt dann beim eingestrichenen d, es, c, manchesmal h. Bei den Männern liegen die Übergänge um eine Oktave tiefer.

Welche Art des Singens ist für die Stimme schonend: Piano oder forte?

Ein klingendes Piano ist sozusagen der Kulminationspunkt der Stimmbildung: es ist der schönste Erfolg. Das, was man unter „markieren" versteht, wirkt sehr häufig stimm-mordend, denn beim Markieren wird so viel Luft durch die Stimmritze geschickt, daß die Stimmbänder, die sehr feuchtigkeitsbedürftig sind, austrocknen und unelastisch werden. Die beste Art ist ein „Mezzoforte", und ich möchte sogar sagen: ein Forte, das richtig sitzt, ist besser und stimmschonender als ein Piano, das nicht richtig sitzt.

Das Piano wird von den vorhin erwähnten „Randschwingungen" der Stimmbänder erzeugt. Es ist sehr wichtig, daß man die Chorsänger lehrt, aus dem Piano ohne Luftverbrauch einen Ton zu entwickeln, d. h. die Randschwingungen zu trainieren. Ich bin jedoch nicht der Meinung, daß jeder Ton aus dem Piano entwickelt werden sollte. Im Gegenteil, ich bin der Ansicht, daß man die Innervierung vom Zwerchfell her betreiben muß. Es ist nur wichtig, daß man den Chorsänger soweit bringt, daß er unterscheiden lernt, ob er dieses Forte aus dem Hals heraus oder aus dem tieferliegenden Punkt, aus dem „Seufzerpunkt", den ich am Anfang erwähnt habe, entwickelt.

Sehr wichtig ist die Erziehung der Sänger zu einem guten Legato. Die Grundlage für das Legato ist das Glissando. Wenn ein Glissando mit Luftnachschub erzeugt wird, dann wirkt das heulend; führt man es aber ohne Luftnachschub mit vollkommenem Stillstehen des gesamten Apparates aus und läßt man die Kehle weit offen, dann spürt man ganz genau, wie die Töne gleichsam von selbst aus der Mittelstimmlage in die Kopflage hinaufgehen. Und von diesem kopfigen Ton kann durch „Staunen" sofort wieder ein vollwertiger Forteton erzeugt werden.

Es bleibt noch zu klären, was man unter Falsetto, was man unter Fistelstimme und was man unter Pfeiftönen versteht.

Die Terminologie ist da noch sehr unsicher. Ein Fistelton ist der Ton, der nicht verstärkt ist, der also eine gewisse durchgehende, wenig veränderbare Stärke hat, und zwar nur in jenen hohen Lagen, die weit über der Sprechstimmlage liegen. „Fistel-" und „Pfeifton" ist meiner Meinung nach dasselbe. Er ist den Flageolett-Tönen bei den Streichern vergleichbar. Das Gesangs-Falsetto ist hingegen ein Ton, der verstärkbar ist und der die Grundlage für die stimmtechnische Erziehung bietet, wie ich am Anfang gezeigt habe: dieses „Seufzen" ist eigentlich ein Falsetton.

Was ist „Glottisschlag"?

Der Glottisschlag bewirkt das Öffnen der geschlossenen Stimmfalten. Ich kann mit meiner Stimmritze spielen und kann sie schließen und öffnen. Wenn ich z. B. spreche: „am Abend", so hört man ganz genau, daß ich das „Abend" mit einem Glottisschlag beginne, und das ist ganz richtig. Der Glottisschlag kann sogar mithelfen, die Stimmbänder in Schwingungen zu versetzen.

Aber ist es nicht so, daß durch das Durchschicken des Luftstromes und das gewaltsame Öffnen der Stimmritzen die Stimmbänder steif bleiben, so daß sie nicht schwingen können?

Es kommt dabei auf die Dosierung des Stoßes an. Wenn der Luftstoß sehr stark ist, dann sind die Stimmritzen natürlich überbeansprucht, und es kann passieren, daß sie Schaden leiden. Aber wenn der Luftstoß gering oder kaum merkbar ist, schadet das den Stimmbändern nicht, sie bleiben dennoch in Bewegung.

Häufig spricht man davon, daß jemand „im Hals" singt. Unter „Im-Hals-Singen" versteht man eine Verengung des Halses, die dadurch entsteht, daß der Kehlkopf hochgestellt wird. Verstärkt man nun mit dieser schlechten Kehlkopfeinstellung einen Ton, dann klingt er steif und verengt.

Selbst diese flüchtige Behandlung von stimmbildnerischen Problemen wird den gewissenhaften Chorerzieher erkennen lassen, daß er auf eine methodische Stimmschulung seiner Chorsänger auch in diesem Rahmen nicht verzichten kann.

„Österreichische Musikzeitschrift" Jg. 24, Heft 2, Februar 1969, S. 65.

Kompositionen

Über 200 *Lieder*

Klavier solo
3 Klavierstücke (1930)
Slawische Suite (1948)
3 Inventionen (1957)
2 Klavierstücke (1959)
12 kleine Klavierstücke im Umfang von 5 Tönen (1959)

Kammermusik
Romanze für Violine und Klavier (1929)
Streichquartett a-Moll (1930)
Kleine Serenade für Flöte, Klarinette und Fagott (1937)
Sonate für Flöte und Klavier (1941)
2 Sonaten für Violine und Klavier (1942, 1945)
2 Sonaten für Violoncello und Klavier (1943, 1960)
Trio für Klarinette, Viola und Violoncello (1943)
Sonate für Oboe und Klavier (1948)
Streichtrio (1952)

Chorwerke
„Zapfenstreich“ für Männerchor und 2 Piccoloflöten (1930)
„Der Dengler“ für Männerchor mit Solostimmen (1933)
„Der Selige“ für Männerchor a cappella (1937)
„Des Erhabenen Sang“. Kantate über Worte aus der Bhagavadgita für eine Singstimme, gemischten Chor und Klavier (1941?)
„Geistliche Dämmerung“ für gemischten Chor (Sopran, Alt und Baß) (1942?)
„Jägerlied“ für Männerchor (1949)
„Vergänglichkeit“ für gemischten Chor (1949)
„Die späte Grille“, für gemischten Chor (1949)
„Zäzilie“, „Notturno in Weiß“, „Der Schnupfen“. 3 Werke für Oberchor (1959)
Deutsches Meßlied für gemischten Chor a cappella (1950)
„Der gute Braten“ für gemischten Chor (?)

Werke mit Orchesterbegleitung

„Der Weckruf" für Männerchor, Baritonsolo, Orchester und Orgel (1937)

Oberösterreichische Fanfare (1937)

„Herbst" für Männerchor mit Violinsolo und Streichorchester (1938)

Kleine Weihnachtsmusik für Soli, Chor und Orchester (1938)

„Der Wille ist Liebe". Solokantate für eine hohe Singstimme mit Orchester (1939?)

Horn-Concertino (1944)

Ferner hat Ferdinand Grossmann zahlreiche Volkslieder und Walzer für Chor bearbeitet.

Schallplattenproduktionen unter der Leitung von Ferdinand Grossmann

Johann Sebastian Bach

Passion selon St. Jean (Johannes-Passion, BWV 245)
Gesamtaufnahme deutsch gesungen.
Wiener Symphoniker, Wiener Akademie-Kammerchor, Solisten des Wiener Akademie-Kammerchores.
vox

St. John Passion (Johannes-Passion, BWV 245)
Wiener Symphoniker, Wiener Akademie-Kammerchor.
Solisten: Gisela Rathauscher, Elly Hofstätter, Ferry Gruber, Rudolf Kreuzberger, Walter Berry, Leo Heppe, Harald Buchsbaum, Fritz Uhl.
vox

St. Matthew Passion (Matthäus-Passion, BWV 224)
Wiener Kammerorchester, Wiener Akademie-Kammerchor.
Solisten: Laurence Dutoit, Maria Nußbaumer, Rudolf Kreuzberger, Otto Wiener, Harald Buchsbaum, Erich Majkut.
Europäischer Phonoclub

Easter Oratorio (Oster-Oratorium, BWV 249)
Pro Musica Kammerorchester (Mitglieder der Wiener Symphoniker), Wiener Akademie-Kammerchor.
Solisten: Laurence Dutoit, Maria Nußbaumer, Franz Gruber, Otto Wiener.
vox

Weihnachtsoratorium, BWV 248
Wiener Akademie-Kammerchor. Solisten des Wiener Akademie-Kammerchores.
vox

Motets (Motetten: Jesu meine Freude; Komm, Jesu, komm; Singet dem Herrn ein neues Lied)
Wiener Akademie-Kammerchor.
Westminster Labels, New York

Johannes Brahms

Ave Maria, op. 12
Wiener Sängerknaben. (Weiters Werke von Bach, Corelli, Gounod, Mozart, Schmidt, Schubert; div. Interpreten; Plattentitel: Ave Maria)
Philips

Ave Maria, op. 12
Wiener Sängerknaben. (Weiters Werke von Beethoven, Boccherini, Chopin, Delibes, Dvorak u. a.; div. Interpreten; Plattentitel: Das Tor zum Paradies der schönen Klänge)
Philips

Feldeinsamkeit, op. 86, Nr. 2
Wiener Sängerknaben. (Weiters: Werke von Mozart, Schubrt, Schulz, Strauß, Volksweisen; div. Dirigenten; Plattentitel: Wiener Sängerknaben)
Philips

Liebeslieder-Walzer, op. 52
Neue Liebeslieder-Walzer, op 65
Elisabeth Roon, Maria Nußbaumer, Murray Dickie, Norman Foster, Joseph und Grete Dichler (Klavier). Wiener Akademie-Kammerchor.
vox

Anton Bruckner

Messe in f-Moll
Wiener Akademie-Kammerchor, Solisten des Wiener Akademie-Kammerchores.
vox

Jacobus Gallus

Hodie Christus
Wiener Akademie-Kammerchor.
Selmer

Joseph Haydn

Messe Hob.: XXII/6, D-Dur (In hon. S. Nicolai)
Messe Hob.: XXII/7, B-Dur, Missa brevis S. Joannis de Deo
Wiener Domorchester, Wiener Sängerknaben, Chorus

Viennensis. Solisten: Knabensopran und Knabenalt (Wiener Sängerknaben), Rudolf Resch, Alois Buchbauer; Hermann Furthmoser.
Philips

Messe HV XXII/10 (Theresien-Messe)
(Gemeinsam mit: Requiem d-Moll von W. A. Mozart)
Wiener Konzerthaus-Kammerorchester, Wiener Sängerknaben, Solisten: 2 Sängerknaben, Kurt Equiluz, Alois Buchbauer.
Eurodisc Parnass, Sonderauflage

Paul Hindemith

Landsknecht-Trinklied
Wiener Akademie-Kammerchor.
Selmer

Heinrich Isaac

Missa Carminum
Wiener Akademie-Kammerchor.
Westminster Labels, New York

Wolfgang Amadeus Mozart

Ave verum corpus, Motette D-Dur, KV 618
Gloria aus der Krönungsmesse, KV 317
Wiener Sängerknaben, Chorus Viennensis. (Weiters: Werke von Bach, Beethoven, Händel und Mozart; div. Interpreten; Plattentitel: Hallelujah)
Philips

Benedictus sit Deus, Offertorium, KV 117
Pro Musica Orchester Wien, Wiener Oratorienchor. Solistin: Marguerita Lavergne. (Weiters: Exsultate jubilate; div. Interpreten)
FSM

Geistliche Musik
(Alma Dei Creatoris, Ave Verum, Inter natos mulierum, Messen: KV 220, KV 259, KV 317; Misericordias Domini,

Regina coeli, KV 276; Sancta Maria, Veni Sancte Spiritus, Venite populi)
Wiener Domorchester, Wiener Sängerknaben, Chorus Viennensis. Solisten: Knabensopran und Knabenalt (Wiener Sängerknaben), Robert Behan, Rudolf Resch, Alois Buchbauer, Walter Raninger; Josef Boehm.
Philips

Mozart-Edition/Geistliche Musik — Orgelwerke
Alma Dei Creatoris, Inter natos mulierum, Messen, KV 220, KV 317; Sancta Maria, Veni Sancte Spiritus, Venite populi
Wiener Domorchester, Wiener Sängerknaben, Chorus Viennensis. Solisten: Knabensopran und Knabenalt (Wiener Sängerknaben), Robert Behan, Rudolf Resch, Walter Raninger, Alois Buchbauer. (Weitere Sakralmusik von Mozart, div. Interpreten)
Philips

Messe C-Dur, KV 167, Missa brevis
Orchester der Wiener Volksoper, Wiener Akademie-Kammerchor. Solisten: Elisabeth Thomann, Germaine de Brandt, Werner Krenn, Karl Neugebauer. (Weiters: Messen von Haydn, div. Interpreten)
FSM

Messe F-Dur, KV 192, Missa brevis
Orchester der Wiener Volksoper, Wiener Akademie-Kammerchor. Solisten: Elisabeth Thomann, Germaine de Brandt, Werner Krenn, Karl Neugebauer. (Weiters: Messen von Haydn, div. Interpreten)
FSM

Messe in D-Dur, KV 194, Missa brevis
Messe in C-Dur, KV 220 (Spatzenmesse), Missa brevis
Wiener Symphoniker, Wiener Akademie-Kammerchor.
Solisten: Gisela Rathauscher, Elfriede Hofstätter,
Alfred Planyavsky, Leo Heppe.
VOX

Missa brevis en re majeur, KV 194
3 choeurs a cappella, 3 motets
Wiener Akademie-Kammerchor. Abbaye de Royaumont.

Messe c-Moll, KV 427
Pro Musica Orchester Wien, Wiener Oratorienchor.
Solisten: Wilma Lipp, Christa Ludwig, Murray Dickie, Walter Berry.
FSM

Sehnsucht nach dem Frühling
Wiener Sängerknaben. (Plattentitel: Wiener Sängerknaben)
Philips

Requiem d-Moll, KV 626
(Gemeinsam mit J. Haydn: Theresienmesse)
Wiener Konzerthaus-Kammerorchester, Wiener Sängerknaben. Solisten: 2 Sängerknaben, Kurt Equiluz, Alois Buchbauer.
Eurodisc, Parnass, Sonderauflage

Giovanni Pierluigi da Palestrina

Stabat Mater
Wiener Akademie-Kammerchor.
Westminster Labels, New York

Michael Praetorius

Es ist ein Ros' entsprungen
Wiener Sängerknaben. (Plattentitel: Weltstars singen Weihnachtslieder; div. Interpreten)
EMI

Franz Schubert

Songs for Male Chorus (Lieder für Männerchor)
Wiener Akademie-Kammerchor.
vox

Mass in G-Major (Messe in G-Dur, D 167)
Miriam's Siegesgesang
Hymne an die Sonne

Wiener Symphoniker, Wiener Akademie-Kammerchor. Solisten: Laurence Dutoit, Alfred Planyavsky, Harald Buchsbaum.
VOX

Messe in Es-Dur, D 950
Wiener Domorchester, Wiener Sängerknaben, Chorus Viennensis. Solisten: Waldemar Kmentt, Kurt Equiluz.
Philips

Heinrich Schütz

5 Motetten
Wiener Akademie-Kammerchor.
Westminster Labels, New York

Johann Strauß (Sohn)

Kaiserwalzer, op 437
Rosen aus dem Süden, op. 388
Wiener Blut, op 354
Wiener Sängerknaben. (Plattentitel: Wiener Sängerknaben; Div. Dirigenten)
Philips

Lebenstafel

1887 geboren in Tulln, Niederösterreich (4. Juli)
1889 Übersiedlung der Familie Grossmann nach Linz, Oberösterreich
1891 Tod der Mutter Maria Grossmann-Pudik (31. Januar)
1893 Volksschule Linz
1894 Sängerknabe im Linzer Dom bei Kanonikus Johann Burgstaller
1895 erste Kompositionen
1898 Realschule in Linz
1902 Lehrerbildungsanstalt in Linz
1903 Linzer Konservatorium, nach Prüfung bei August Göllerich Gratisschüler im Musikverein
1906 Matura an der Lehrerbildungsanstalt
Aushilfslehrer im Bezirk Gmunden (Gallneukirchen, Pinsdorf, Obertraun, St. Wolfgang, Gmunden, Ohlsdorf)
Vorbereitung (autodidaktisch) auf die Staatsprüfungen in Gesang, Orgel, Klavier, Komposition
1908 Staatsprüfung Gesang
1909 Staatsprüfung Hauptfach Klavier, Orgel, Komposition
Provisorischer Lehrer an der Volksschule Gmunden
Gesangslehrer am Gmundner Gymnasium, Gründung eines Schulorchesters
Chormeister Gesangverein „Edelweiß"
1915 Einberufung zum Militär (bis 1918, Abrüsten als Leutnant der Reserve)
1916 Chorprobe beim Ersten Wiener Frauenchor
1917 Bürgerschullehrerprüfung
1919 Berufung nach Wien als Aushilfslehrer an einer Mädchen-Bürgerschule
1920 Kapellmeisterklasse in der Musikschule Dr. Kaiser (Oberleitung Felix von Weingartner)
Choreinstudierung Wiener Männerchor (bis 1923)
1921 Choreinstudierung Wiener Chorverein (bis 1930)
Chormeister-Stellvertreter Wiener Schubertbund (bis 1925)

1923 Mitglied der Schulreformkommission von Otto Glöckel (Ausarbeitung des Lehrplanes für den Gesangunterricht an den Allgemeinen Mittelschulen)
Gründung des Wiener Volkskonservatoriums
Choreinstudierung Wiener Singakademie (bis 1926)
Choreinstudierung Wiener Kaufmännischer Gesangverein (bis 1928)
1924 Lehrtätigkeit an der Allgemeinen Mittelschule Schweglerstraße
1925 Bestellung zum Direktor des Wiener Volkskonservatoriums
Verleihung des Titels „Professor"
1926 Dirigent des Akademischen Orchestervereins (bis 1938, ab 1939 Ehrendirigent)
Chormeister des Singvereins der Gesellschaft der Musikfreunde in Wien (bis 1939)
1927 Chormeister des Wiener Männergesang-Vereins
1929 Bundeschormeister des Sängerbundes für Wien und Niederösterreich
Pensionierung als Bürgerschullehrer und Lehrer an der Allgemeinen Mittelschule
1930 Chordirektor der Wiener Staatsoper (bis 1941)
Verleihung des Titels „Regierungsrat"
1933 Professur für Sologesang und Chorgesang an der Staatsakademie für Musik in Wien; Leitung der Schulmusik-Abteilung
Kapellmeister der Wiener Hofmusikkapelle (bis 1945)
1937 Ehrenchormeister des Wiener Männergesang-Vereins
Orden „Grande Ufficiale della Corona d'Italia"
1939 Künstlerischer Leiter der Wiener Sängerknaben (bis 1945)
1940 Direktor des Kärntner Grenzland-Konservatoriums (bis 1941)
1945 Gründung eines Kammerchores an der Abteilung für Kirchen- und Schulmusik der Staatsakademie für Musik, später Wiener Akademie-Kammerchor
1946 Wiener Akademie-Kammerchor (bis 1955)
Chordirektor des Singvereins der Gesellschaft der Musikfreunde in Wien (bis 1953)

1952 Verleihung des Titels „Ordentlicher Professor" an der Staatsakademie für Musik
1956 Künstlerischer Leiter der Wiener Sängerknaben und der Wiener Hofmusikkapelle (bis 1968)
1957 Emeritierung als Ordentlicher Professor an der Staatsakademie für Musik
Verleihung des Titels „Hofrat"
Ehrenmedaille der Stadt Wien
Ehrenring der Stadt Tulln
1958 Lehrauftrag für Stimmbildung, Lied und Oratorium im Rahmen der Weltausstellung in Brüssel
Juror beim Kompositionswettbewerb in Varese, Italien
1959 Berufung an die Musashino Academia Musicae, Tokio (Stimmbildung, Chorerziehung, Dirigent; auch 1963, 1965, 1967, 1969)
Sommerakademie in Salzburg (Stimmbildung; auch 1963, 1965, 1966)
1962 Ehrenkreuz für Kunst und Wissenschaft I. Klasse
Kompositionspreis des Landes Niederösterreich
Juror beim Wettbewerb in Llangollen, Wales, GB
1963 Ernennung zum Ehrenprofessor an der Musashino Academia Musicae
Juror beim Mozart-Wettbewerb in Wien
1964 Leiter der Internationalen Sommerakademie in Vadstena, Schweden (auch 1965, 1966, 1968)
1965 Ehrenbürger der Stadt Vadstena, Schweden
1966 Kompositionsabend im Rahmen der Wiener Festwochen
1968 1. Jahrgang der Künstlerischen Volksschule, angeschlossen an das Institut der Wiener Sängerknaben
1969 Stimmbildungskurse im Rahmen des Symposions des Institute of European Studies (auch 1970)
1970 gestorben am 5. Dezember im Wiener Allgemeinen Krankenhaus
Beisetzung am 11. Dezember in einem Ehrengrab der Stadt Wien auf dem Zentralfriedhof.

Der Verein der Freunde Ferdinand Grossmanns

Ferdinand Grossmann ist nicht vergessen. Damit sein Wirken und seine schöpferischen Ideen auch nachkommenden Generationen vermittelt werden, haben sich seine Freunde 1980 zu einem Verein zusammengeschlossen. Die Intentionen des Vereins „Freunde Ferdinand Grossmanns" sind in den Statuten eindeutig festgelegt:

Der Verein, dessen Tätigkeit nicht auf Gewinn ausgerichtet ist, bezweckt:

1. Die Pflege und Vertiefung des Andenkens an Ferdinand Grossmann und dessen Wirken;
2. die Setzung von Aktivitäten im Sinne des künstlerischen und pädagogischen Wirkens Ferdinand Grossmanns;
3. die Förderung des begabten Sängernachwuchses nach den Intentionen Ferdinand Grossmanns und Durchführung aller sonstigen dem Vereinszweck dienenden Maßnahmen.

Am 27. Februar 1980 wurde die Gründungsversammlung abgehalten und der Vorstand wie folgt gewählt:

Präsident:	Kammersänger Walter Berry
Vizepräsidenten:	Prof. Norbert Balatsch, Dr. Wilfried Scheib, Prof. Günther Theuring
Generalsekretär:	Helmut Pilss
Vorstandsmitglieder:	Ober-Insp. Hans Brunner, Elisabeth Equiluz, Prof. Hans Gattermeyer, Dr. Hans Gillesberger, Prof. Margarita Heppe, Franz Hillebrand, Prof. Burkhart Kräutler, Prof. Augustin Kubizek, Dr. Hans Mühlbacher, Karl Schmid, Ing. Hans Stepan, Prof. Gerhard Track, Prof. Otto Vajda, Elisabeth Wagner-Trenkwitz

Generalsekretär Pilss widmete sich seinen administrativen Aufgaben von Anfang an mit besonderem Elan. Mit Ferdinand Grossmann fühlte sich Pilss seit frühester Jugend verbunden, seine Eltern waren beide Mitglieder des Chorvereins gewesen, sein Onkel hatte Grossmann als Assistent in dessen Zeit als Chordirektor an der Staatsoper unterstützt. Im Hause Pilss diente ein Tischtuch gleichzeitig als Gästebuch, auf dem sich die Ehrengäste mit ihrem später auszustickenden Schriftzug verewigten. Auf Helmut Pilss hatte das schwungvolle „Ferdinand Grossmann" sofort besonderen Eindruck gemacht; schon beim ersten persönlichen Zusammentreffen hatte sich in ihm die Gewißheit verstärkt, daß dieser Mann bestimmend für seinen weiteren Lebensweg werden würde. Helmut Pilss studierte Gesang bei Ferdinand Grossmann, hängte das ursprünglich gleichfalls begonnene Medizinstudium wieder an den Nagel und blieb schließlich als Mitglied und Vorstand der Konzertvereinigung Wiener Staatsopernchor auch beruflich dem Singen verbunden. Für Grossmanns Prinzipien setzt er sich in all seinen Arbeitsgebieten ein, nun also auch im Verein Freunde Ferdinand Grossmanns.

Im Gründungskonzert am 23. November 1980 im Brahms-Saal des Wiener Musikvereins sang der Wiener Akademie-Kammerchor, nunmehr unter der Leitung von Grossmann-Schüler Dr. Xaver Meyer, Werke von Lotti, Gallus, Haydn und Mozart, als Solisten wirkten Senta Benesch, Guthrie Luke — mit der Cellosonate von Ferdinand Grossmann —, Walter Berry und Norbert Scherlich (Lieder von Hugo Wolf) sowie Anton Scharinger und David Lutz (drei Lieder von Ferdinand Grossmann) mit. Wobei in der Präsentation des jungen Baritons Anton Scharinger schon der Weg in die Zukunft gewiesen wurde: Der Verein der Freunde Ferdinand Grossmanns nämlich hat es sich ja vor allem zum Ziel gesetzt, den künstlerischen Nachwuchs im Sinne Grossmanns zu fördern, und Anton Scharinger, Schüler der Grossmann-Schülerin Margarita Heppe am ursprünglich von Ferdinand Grossmann gegründeten Wiener Konservatorium, war idealer Repräsentant der zukunftsweisenden Tradition.

Die nächste Vereins-Aktivität am 13. Mai 1982, wieder im Brahms-Saal, stand denn auch unter dem Motto „Junge Sänger stellen sich vor", die Namen der damaligen Mitwirkenden — Brigitte Poschner, Rosa Mohrenberger, Heidrun Götz, Rudolf Schaschnig, Peter Doss, Horst Gross — sind zum Teil in der Zwischenzeit für die Musikwelt ein „Begriff“ geworden.

Im selben Jahr 1982 leitete Walter Berry eine Diskussion zum Thema „Vom Kirchen- zum Kammersänger. Chorsänger — Notlösung oder Alternative?“ wobei interessante Aspekte des Chorgesanges in Ausbildung und künstlerischer Gestaltung und vor allem der besorgniserregende Nachwuchsmangel für die Berufs-Chorsänger zur Sprache kamen.

Dem Absatz 1 von Paragraph 2 der Vereinsstatuten entsprechend — „Pflege und Vertiefung des Andenkens an Ferdinand Grossmann“ —, bemühte sich der Verein um „sichtbare“ Zeichen der Erinnerung: Im Rahmen der Grossmann-Tage 1983 wurde im 22. Wiener Gemeindebezirk eine Ferdinand-Grossmann-Straße feierlich eröffnet und am Wohnhaus Grossmanns in der Döblinger Hauptstraße eine von dem Akademischen Maler und Bildhauer Günther Kraus gestaltete Gedenktafel enthüllt. Ein reichhaltiges künstlerisches Programm — mit der Konzertvereinigung Wiener Staatsopernchor unter Grossmann-Schüler Helmuth Froschauer, den Wiener Sängerknaben unter Grossmann-Schüler Uwe Christian Harrer, den Mozart-Sängerknaben unter Grossmann-Schüler Erich Schwarzbauer, dem Arnold-Schönberg-Chor unter Grossmann-Schüler Erwin G. Ortner, den Gumpoldskirchner Spatzen und der Vox humana unter den Grossmann-Schülern Elisabeth und Wolfgang Ziegler und mit Grossmann-Schüler Kurt Equiluz als Solist begleitete die Feierlichkeiten.

1984 wurde ein Gesangs-Wettbewerb veranstaltet, die Preisträger (Waltraud Blach, Silvana Dussmann, Gerda Hassler, Manfred Hemm, Thomas Mayr, Regina Sgier) stellte man am 12. April im Musikverein der Öffentlichkeit vor.

Am 3. Dezember 1985 dirigierte Agnes Grossmann im Großen Musikvereinssaal das Requiem von Wolfgang Amadeus Mozart. Es sangen Brigitte Poschner, Heidrun Gölz, Werner Krenn, Anton Scharinger sowie der Singverein der Gesellschaft der Musikfreunde, es spielten der Akademische Orchesterverein und Martin Haselböck an der Orgel. Man gedachte des 5. Dezember 1970, des Todestages von Ferdinand Grossmann, der sich zum 15. Mal jährte, und man gedachte des 5. Dezember 1791, des Tages, an dem Wolfgang Amadeus Mozart diese Welt verlassen hatte.

Am 10. Mai 1987 versammelten sich die Freunde Grossmanns wieder im Großen Musikvereinssaal, um gemeinsam die 100. Wiederkehr des Geburtstages von Ferdinand Grossmann zu feiern.

Mit der Präsentation der vorliegenden Biographie zu diesen Feierlichkeiten sieht der Verein einen wichtigen Zweck seiner Gründung erfüllt. Im Wirken Ferdinand Grossmanns lag jedoch so viel Zukunftsträchtiges — er braucht seine „Freunde" auch weiterhin, um es durchzusetzen!

Mitglieder des Vereins „Freunde Ferdinand Grossmanns"

Akademischer Orchesterverein
Bachl Hans, Prof. †
Baier Robert, Dr.
Balatsch Norbert, Prof.
Bauer Hans
Bauer-Theussl Franz, Kpm.
Beck Walter
Becker Emmi
Berry Walter, Kammersänger
Blas Doris
Blas Josef
Böck Josef
Bösel-Grossmann Elisabeth
Bösel Richard
Boettcher Wilfried, Prof.
Brandtner Hans
Brendel Iris
Brömmel Elisabeth
Brunnauer Hermine
Brunner Hans, Ing.
Brunmayr Hans, Dr.
Brunmayr Irmgard
Buchmann Rudolf
Buchsbaum Harald
Burkhart Wilhelmine
Cermak Leo, Prof.
Conrads Heinz, Prof. †
Dermota Anton, Kammersänger Prof.
Emmer Alois, Ing.
Endler Franz, Dr.
Equiluz Elisabeth
Equiluz Kurt, Kammersänger Prof.
Erb James, Prof. Dr.
Fheodoroff Klaus, Prof. Dr.
Fleck Ludwig
Franz Erich

Gesellschaft der Musikfreunde in Wien
Gillesberger Hans, Prof. Dr. †
Grossmann Agnes
Grossmann Maria, Prof.
Gruber Anna
Gruber Josef
Hackl Rudolf, Dr.
Heppe Margarita, Prof.
Herndl Hansi
Herndl Raimund
Hofmann Olga, Prof.
Holecek Heinz, Kammersänger
Holl Ernst, Dipl.-Ing.
Hudez Karl, Prof.
Klement Berta, Mag.
Kmentt Waldemar, Kammersänger Prof.
Knoflach Josef, Hofrat Dipl.-Ing.
Knoflach Maria †
Knotzinger Helmut, Dkfm.
Knotzinger Kurt, Dr.
Koblitz Ingo
Köchert Dietrich, Dr.
Kocsis Stefan, Prof.
Konzertvereinigung Wiener Staatsopernchor
Kosch Franz, Dr. †
Kraus Lili, Prof. †
Kräutler Burkhart, Prof.
Kreuzberger Rudolf, Prof.
Kubizek Augustin, Prof.
Landesmann Hans, Dr.
Lehmann Günther, Musikdirektor
Lehner Walter, Prof.
Leibetseder Walter, Gem.-Rat
Leitner Konrad, Prof.
Lester Fumiko
Layer Friedemann, Prof.
Liepold Ewald, Dr.
Litschauer Frieda, Prof.
Mandahus Konrad, Ing.

Mandl Otto, Dr.
Mark Georg
Marksteiner Leopold, Prof.
Märzendorfer Ernst, Prof.
Maschkan Josef, Prof.
Maurer Wolf Dieter, Prof.
Meiser Gertrude, Dr.
Meyer Xaver, Prof. Dr.
Mitterer-Grossmann Hertha
Mittergradnegger Günther, Dr.
Molden-Dutoit Laurence
Molnar Josef, Prof.
Moore Walter C.
Moser Albert, Prof.
Mozartgemeinde Wien
Mühlbacher Hans, Ing. Dr.
Mühlbacher Maria
Neyder Anton, Mag.
Österreichische Länderbank
Pahlen Kurt, Prof. Dr.
Patzelt Josef, Arch. Dipl.-Ing.
Pfeffer Maria
Pilss Grete
Pilss Helmut, Prof.
Pilss Lilli
Planyavsky Alfred, Prof. Mag.
Prawy Marcel, Prof. Dr.
Prem Christian, Dr.
Presich-Petuelli Liane, OStR.
Prillisauer Richard, Reg.-Rat
Proskowetz Anni
Proskowetz Ernst
Richter Kurt, Prof.
Raab Rosi
Raab Rudolf, Dr.
Reiter Herwig, Prof.
Resch Rudolf, Prof.
Rom Siegfried, Dr.
Ruisz Franziska

Rössel-Majdan Hildegard, Kammersängerin Prof.,
Rustler Elisabeth, Dr.
Rustler Helfried, Dr.
Salzer Ernst
Salzer Hermi
Seidlhofer Bruno, Prof. †
Sertl Otto, Prof. Dr.
Siegl Hannes
Sing- und Spielgruppe O. Ö. Lehrer
Singverein der Gesellschaft der Musikfreunde Wien
Sittner Hans, Prof. Dr.
Sorell Christiane, Kammersängerin
Sparber Margarete, Prof.
Scheib Wilfried, Prof. Dr.
Scheit Karl, Prof.
Scherlich Gilda
Scherlich Norbert, Prof.
Schmid Gerti
Schmid Karl, Kom.-Rat
Schmölz-Berger Henriette, Prof.
Schmutz Eva, OStR. Prof.
Schulz Inge
Schwarzbauer Erich, Prof.
Stepan Kurt, Kom.-Rat Ing.
Stappen Gerhard
Steger Norbert, Dr.
Sticha Karl, Ing.
Strasser Otto, Prof. Ing.
Streit Josef, Prof.
Strele Martha
Strobl Hans
Strobl Wilma
Tautschnig Walter, Hofrat Dr.
Temnitschka Hans, Min.-Rat Dr.
Theuring Günther, Prof.
Tomek Elli
Tomek Otto, Dr.
Track Gerhard, Prof.
Trattnig Hubert, Prof.

Trenkwitz Georg
Tulln Stadtgemeinde
Uhl Fritz, Kammersänger Prof.
Urbanek Karl Hans
Vajda Otto, Prof. †
Vogel Gerwisa, Dr.
Wagner-Trenkwitz Elisabeth
Wagner Peter, Dr.
Wahala Maria †
Werba Erik, Prof. Dr.
Wiener Kammerorchester
Wiener Männergesang-Verein
Wiener Sängerknaben
Wiener Schubertbund
Wieninger Herbert, Hofrat Prof.
Winiewicz-Lefevre Lida
Wöss Kurt, Prof.
Ziegler Josef Wolfgang, Prof.

Tochtergesellschaft Japan

Motoko Eguchi
Reiko Noguchi
Harue Miyake
Kinu Egawa
Sadako Sasaki
Naomichi Honzawa
Hiroko Asaoka
Eiji Kawamura
Ruriko Uchida
Fusa Tatematsu
Tatsuji Hayashi